성공하는 말투
실패하는 말투

공감, 호감, 동감을 … 쉽게 이끌어 내는 … 대화의 기술

성공하는
말투
실패하는
말투

미래음 자신감을 | 지음 | 이정미 엮음

들어가며

인생의 성공과 실패는 소통에 달려 있다

'무슨 말을 해야 할지 모르겠어.'

'다른 사람과 같이 있으면 어색해.'

'낯을 가려서 첫 만남이 항상 괴로워.'

'그 사람이 무슨 생각을 하는지 모르겠어.'

'사람들이 내 마음을 몰라줘.'

'말을 해도 들어 주지를 않아.'

'하고 싶은 말을 못하겠어.'

오랫동안 심리학을 기반으로 한 커뮤니케이션 강연을 하면서, 나는 이런 고민을 하는 사람들이 우리 주위에 얼마나 많은지 절감하게 되었다. 재미있게도 현재는 이런 고민을 가진 이들을 상담하고 도와주는 입장이지만, 한때는 나 역시 똑같은 고민들에 시달렸다.

나는 20대 때 기타리스트가 되고자 아오모리에서 도쿄로 무작정 상경했다. 그러나 당시의 나는 인간관계를 쌓는 데 서투르고 소통 능력도 전혀 없는 상태였다. 그런 상황에서 우연한 계기로 영업의 세계에 발을 들인 것이 불운의 시작이었다. 나는 3년도 넘게 전혀 실적이 오르지 않아 고생이란 고생은 죄다 해야 했다.

그런데 심리학을 배우고 공부하게 되면서 나는 하루아침에 전국 최고의 세일즈맨이 되었다. 낯선 이와의 첫 만남에서도 스스럼없이 대화할 수 있게 된 덕분에 꾸준히 실적을 올리게 되었다. 부하 직원들이 생기고, 지점장이 되고, 그 후에는 전국의 사원들에게 연수를 시키는 강사가 되어 인생이 크게 달라졌다. 물론 이성과의 관계도 완전히 달라져서 인기남이 되었다.

혹시 지금 당신이 상사나 부하, 동반자와 소통이 잘되지 않고 있다고 느낀다면 이 책이 크게 도움이 될 것이다. 내가 나 자신을 바꾸고 싶어서 30년 가까이 공부한 내용의 결정체가 이 책에 고스란히 담겨 있기 때문이다.

시중에 판매되는 책들 중에는 개념적인 내용만 다루는 것들이 많다. '상대방을 배려하는 마음으로 대하자' 같은 당연한 이야기들 말이다. 그러나 이런 책들은 아무리 읽어봤자 인생을 바꿀 수 없다. 개념만으로 달라질 수 있는 사람은 아주 극소수이기 때문이다. 많은 사람들은 구체적인 기술을 배워야만 달라질 수 있다.

세미나와 연수를 통해 1만 명이 넘는 사람들을 만난 경험을 통해, 나는 이를 확신한다. 그래서 심리학을 기반으로, 곧바로 달라질 수 있는 구체적인 방법을 가능한 한 쉽게 전달하는 것이 내 사명이라고 생각한다.

따라서 이 책은 가능한 한 이해하기 쉽고 읽기 쉽게 썼다. 하지만 읽기 쉽다고 해서 한번 가볍게 읽고 말 것이 아니라, 몇 번이고 되풀이해서 읽기를 바란다. 그러면 여러분의 인생이 더 좋은 방향으로 바뀌는 원동력이 될 것이라고 확신한다.

인생은 소통하기 나름이다. 그리고 그 소통에는 두 종류가 있다. 하나는 타인과의 소통이다. 그런데 멋진 능력을 여럿 갖추고 있는데도 타인과 소통하는 기술이 부족해서 손해를 보는 사람들이 많다. 다른 하나는 자기 자신과의 소통인데, 자기 자신과 잘못된 대화를 해서 자신의 가능성을 좁은 곳에 가두어 두는 사람들도 많다.

그 상황을 타개할 단서가 이 책에 있다. 이 책이 독자 여러분의 인생에 큰 도움이 되기를 소망한다.

— 마쓰하시 요시노리

3장 :
신뢰받는 사람이 되는 '거리 좁히기'

4장 :
유능한 사람으로 보이는 알기 쉽게 '전달하기'

5장 :
직장에서 잘나가는 '말하기'

6장 :
커뮤니케이션이 원활해지는 '마음가짐'

7장 :
성공하는 사람의 '입버릇'
〰〰〰〰〰〰

1장

누구와도 즐겁게 대화하는
'말하기'

01

**성공하는 사람은
재미있는 이야기를 이끌어 내고,**

—

**실패하는 사람은
재미있는 이야기를 하려 든다**

"첫 만남에서 무슨 이야기를 해야 할지 모르겠어요."

"직장 사람들과 가볍게 이야기하는 것조차 너무 어려워요."

커뮤니케이션 강의를 하다 보면 이런 고민 상담이 수없이 들어온다. 덕분에 내가 몇 년 전 출판한 '잡담'에 관한 책의 매출은 여전히 순조롭다.

커뮤니케이션에 관한 책을 쓰고 강연하는 나 역시 과거에는 처음 만난 사람과의 대화만큼 괴로운 것이 없었다.

모르는 사람과 대화하는 일은 왜 이렇게 힘들까?

정도의 차이는 있지만 상대방의 평가를 너무 과하게 신경 쓰기 때문이다. '상대방이 화내면 어떻게 하지?' 또는 '지루하거나 불쾌한 표정을 지으면 어떻게 하지?' 같은 걱정을 하다 보니 두려움이 싹트는 것이다.

"저는 긴장을 잘하는 성격이라서요."

이렇게 말하는 사람들도 있지만 사실은 성격의 문제가 아니다. 첫 만남에서 긴장하는 사람들은 대부분 다음과 같은 강박관념에 사로잡혀 있기 쉽다.

- 내가 이야기를 해야만 한다.
- 재미있는 이야기를 해야만 한다.
- 도움이 되는 이야기를 해야만 한다.
- 대화로 상대방을 즐겁게 해 줘야만 한다.

다시 말해 '상대방이 나를 나쁘게 평가하지 않으려면 재치 있는 이야기를 해야만 한다', '무언가 재미있는 이야기를 해야만 한다'는 강박적인 착각 때문에 불필요하게 '실패하는 패턴'으로 이야기하고 마는 것이다.

또한 상대방이 전혀 관심 없는 화제로 언제까지고 이야기하는 사람들이 있다. 본인은 재미있는 이야기, 도움이 되는 이야기를 해서 대화를 리드하려는 생각이겠지만, 사실 상대방은 예의상 듣고 있을 뿐인데 말이다. 애초에 사람마다 재미있다고 느끼는 화제는 다르다는 것을 모르는 것이다.

이런 사람들은 상대방이 좋아하는 포인트를 알려 하지 않고, 자신이 하고 싶은 이야기만 꺼낸다. 심지어 반응이 좋을 것 같은 화제를 필사적으로 준비해 상대방 앞에서 지나치게 열심히 이야기하기 때문에, 정작 중요한 상대방의 반응은 눈에 들어오지 않는다. 이처럼 상대방이 어떤 이야기를 재미있어 하는지도 모르고, 자신이 준비한 이야기만 의기양양 꺼내는 것은 리스크가 너무 크다.

말하기로 성공하는 사람은 재미있는 이야기를 하려 노력하지 않는다. 오히려 상대방이 재미있는 이야기를 하도록 능숙하게 유도한다.

일본 코미디계의 거물 아카시야 산마는 배우나 가수 같은 코미디와 무관한 사람들의 평범한 한마디에서 웃음을 이끌어 내는 데 천재다.

이때 그가 웃음을 이끌어 내는 방법 중 하나가 '되풀이하기'다. 상대방의 말을 그저 따라 하는 것이다. 신기하게도 이것만으로도 사람들을 웃길 수 있다.

또 하나는 큰 리액션이다. 박장대소하면서 책상을 탕탕 두드리거나 바닥을 굴러, 사소한 이야기를 아주 재미있는 이야기로 바꾸는 것이다.

아카시야 산마 같은 코미디의 달인이 아니더라도, 상대방의 이야기가 재미있는 것이 되느냐 아니냐는 당신 자신의 리액션에 달려 있다.

스스로 재미있는 이야기를 했다고 느끼면 상대방은 기분이 아주 좋아진다. 그리고 그 이야기를 들어 준 당신에게도 좋은 인상을 갖게 된다.

성공하는 사람은 상대방에게서 재미있는 이야기를 이끌어 내는 재주가 있다.

**말하기로 성공하는 사람은
리액션이 좋다!**

02

성공하는 사람은 '못난 나'를 이야기하고,

—

실패하는 사람은 '잘난 나'를 이야기한다

말하는 방식에 매력이 있는 사람은 아주 시원시원하다.

그 시원함은 어디에서 나올까? 바로 '자기 긍정'이다. 자신의 결점을 인정하고, 자신을 포용하기 때문에 산뜻함이 느껴지는 것이다. 그래서 처음 만난 사람도 사정없이 이끌리고 만다.

자기 자신을 긍정하는 사람은 자신의 약점을 애써 감추려 들지 않는다. 그래서 스스로 실수한 이야기를 주저 없이 드러내 놓고 말할 수 있다. 실패한 경험담, 자신의 나약함, 창피한 일 같은 것들도 스스럼없이 이야기하는 것이다.

- 나의 어떤 부분을 보여줘도 나는 괜찮다.
- 나는 사랑받고 있다.
- 하지만 나를 싫어하는 사람도 당연히 있을 수 있다.

이런 마인드가 있기에 상대방의 반응에 일희일비하지 않게 되는 것이다. 그래서 이런 사람과 함께라면 우리는 부담 없이 대화할 수 있다.

반대로 자신감이 없는 사람은 자기 긍정이 부족하다. 결국 자신의 결점과 약점을 꽁꽁 감추려 든다. 스스로 신경 쓰는 부분을 남이 언급하는 것이 그 무엇보다도 싫다. 또 자신이 그 부분을 신경 쓰고 있다는 사실조차 남들이 모르기를 바란다.

'못난 내 모습을 남들이 알면 안 돼'라는 생각에 무리를 한다는 점에서, 이들은 자존심이 센 사람이라고도 할 수 있다.

이런 사람을 대할 때면 마치 상처를 다루듯 신중하게 된다. 그래서 상대방은 피로를 느낄 수밖에 없다.

어떤 의미로 이런 유형은 너무 '폼'을 잡아서 스스로도 피곤한 타입이라고 할 수 있다. 다만 이 '센 자존심'과 '폼 잡기'라는 부분이 원동력이 되어 커다란 성공을 거두는 사람들도 있다. 장점으로 전환하면 강력한 무기가 될 수도 있는 것이다.

어쨌든 인간관계를 쌓는 데는 자기 자신을 오픈하는 것이 지름 길이다. 자기 자신의 못난 부분과 약점 등을 거리낌 없이 말해 버리는 것이 더 현명하다. 멋있는 척 자기 자신의 좋은 부분만 보여주면 상대방의 긴장감만 높아질 뿐이다. 처음 알게 된 직후의 호감도가 100점이라도 그 후 점점 감점이 되면서 인상이 나빠지게된다.

그에 비해 처음부터 자신의 못난 부분을 밝히면 상대방은 일단 안심한다. 이처럼 시작은 10점이지만 서로를 알아가면서 점수가 점점 올라가는 쪽이 훨씬 더 좋다. 친근함으로 안심시키고 이후부터 똑 부러지는 모습과 존경할 만한 면을 보여주는 것도 좋다.

가령 다음과 같이 어리숙한 모습을 스스로 밝혀 친근함 만점으로 다가가는 것이다.

"지난번에 거래처로 바로 갔을 때 이야기인데요. 급하게 집에서 나와 거래처에 도착해서 인사를 하는데, 완전 어이없는 실수를 한 걸 알았어요."

"무슨 실수요?"

"구두를 봤더니 오른쪽은 까만색, 왼쪽은 갈색이었던 거예요!"

"우와! 진짜 창피했겠다."

"맞아요. 정말 말도 안 되는 실수죠! 그래도 거래처 분들을 웃겨서 계약을 따냈어요."

이처럼 우스운 실수담을 먼저 이야기하면 상대방과의 거리가 단숨에 가까워질 수 있다. 그러니 자신의 우스운 실수를 종이에 써서 목록으로 만들어 보는 것도 좋다.

여기서 잠깐, 당신 자신은 어떤 말을 들으면 가장 상처 받는지 생각해 보자.

지금의 나는 무슨 말을 들어도 태연하지만…… 생각해 보면 '쩨쩨하다', '궁상맞다'라는 말을 듣기 싫어서 능력에 맞지 않게 무리하던 때가 있었다. 돈 때문에 고생한 시절이 너무 길었기 때문이다. 아니, 인생의 대부분을 돈 때문에 고생했기 때문에 돈에 크게 집착한다는 사실을 남들이 모르기를 바랐던 것 같다. 하지만 이제는 "저, 쩨쩨하다는 말을 많이 들어요"라고 웃으면서 말하다 보니 스스로 신경 쓰지 않게 되었다.

남에게 듣기 싫은 말을 먼저 말할 수 있게 될 때, 진정한 강인함을 갖추게 되는 것이다.

말하기로 성공하는 사람은
자신의 약점을 보여준다!

03

성공하는 사람은
누구에게나 사근사근,

실패하는 사람은
누구에게나 무뚝뚝

대화에서 가장 영향력이 큰 것은 말의 내용이 아니라 보디랭귀지다. 그중에서도 가장 중요한 것이 얼굴 표정이다.

얼굴에는 30종류 이상의 표정 근육들이 있다. 우리는 이 근육들을 복잡하게 움직여 다양한 감정을 표현한다. 그러나 많은 사람들은 표정 근육의 30퍼센트밖에 사용하지 않는다고 한다.

"무뚝뚝하네."

"항상 기분이 나빠 보여."

주위를 보면 이런 말을 듣는 사람이 있는데, 이들은 표정 근육을 너무 사용하지 않아 근육이 굳어 버렸는지도 모른다. 그렇다면 아주 손해 보는 인생을 살게 될 수밖에 없다.

이렇게 말하는 나도 유명 가전 양판점에서 접객업을 시작한 스무 살 때는 다음과 같이 매일 혼이 났다.

"마쓰하시, 웃음기가 없잖아! 표정을 더 밝게 지으라고!"

실제로 당시의 내 얼굴은 항상 표정이 어둡고 뚱했던 것 같다. 생각처럼 일이 잘 풀리지 않는 나 자신에 대한 조바심과 주변 환경에 대한 불만이 무의식중에 표정에 나타났을 것이다. 결국은 상사도 "뭐, 저 녀석은 도호쿠 지방 출신이니까 어쩔 수 없지"라며 포기하고는 더 이상 지적도 하지 않게 되었다.

얼굴에 웃음을 띠지 않고 무표정하면, 다른 사람이 보기에 무뚝뚝하거나 기분이 나빠 보인다. 그리고 '왜 인간관계가 잘 안 풀릴까?'라고 고민 중인 사람들 중에 유독 이렇게 얼굴이 무표정한데다가 입꼬리가 내려간 사람이 많다. 그런 사람들에게 미소가 중요하다고 말하면 이렇게 반론하는 경우가 있다.

"아무한테나 알랑거리는 사람으로 보이기 싫어요."

"사람은 내면이 중요하잖아요."

"어떻게 계속 실실 웃고 다녀요?"

"재미있는 일도 없는데 당연히 웃음이 안 나오죠."

심지어는 이렇게 말하는 경우도 있다.

"싱글벙글 웃고 다니면 남들이 무시하고 우습게 봐요."

"아첨꾼같이 보여요."

"창피해요."

이렇게 '웃고 다니면 손해'라고 주장하는 사람들이 있는 것이다.

이런 이유를 말하는 사람들은 자신이 타인에게 어떤 대접을 받을지에만 신경 쓰는 상태라고 할 수 있다. 의식의 방향이 자신에게만 향해 있는 것이다. 이처럼 자존심이 강하고 나이브한 사람을 상대하는 일은 피곤하다. 우리는 자기 자신만 생각하는 사람보다 타인을 배려하는 사람과 소통하고 싶은 법이다.

얼굴이 무표정해도 마음은 항상 명랑하고 상쾌하다고 반론하는 사람도 있을 것이다. 그렇다고 해도 표면에 드러나지 않으면 상대방에게는 전달되지 않는다.

'첫 만남에서 가장 인상이 좋은 사람은 어떤 사람인가?'라는 설문조사에서 단연 1위는 '미소로 대해 주는 사람'이었다.

미소는 상대방을 받아들인다는 최고의 신호다. 사람들이 좋아하는 아이돌이나 방송인을 떠올려 보면, 분명 웃는 얼굴이 떠오를 것이다. 이처럼 웃음은 자신뿐만이 아니라 상대방을 위한 최고의 의사소통 도구인 것이다.

사람들은 당신이 밝게 웃는 모습을 보고 싶어 한다. 그러니 우선은 웃는 얼굴로 내 가족을 대하는 일부터 시작해 보자. 그 다음은 직장이다. 반드시 효과가 있을 것이다.

당신의 미소만으로 주변 사람들은 기분이 좋아지고 행복해질 수 있다.

**＼ 말하기로 성공하는 사람은
／ 항상 미소 짓는다!**

04

성공하는 사람은 깊이 있어 보이는 이야기를 하고,

—

실패하는 사람은 가벼워 보이는 이야기를 한다

나는 얼굴이 동안(童顔)인 탓에 사람들이 항상 나를 어리게 보는 것이 고민이었다. 내가 가벼워 보인다고 생각했기 때문이었다. 그러나 말하는 법을 연구하면서 외모와 무관하게 가벼워 보이지 않을 수 있는데, 몇 가지 방법을 소개해 보겠다.

우선 아래는 가벼워 보이는 대화의 예다.

"요즘 유명한 그 드라마 봤어요?"

"네, 봤어요! 그 여주인공 귀엽죠! 헤어스타일이 예뻐요!"

"어떤 여자가 이상형인가요?"

"음, 포니테일에 흰 셔츠가 어울리는 여자인 것 같아요."

이런 식으로 이야기를 하면, 상대방은 당신을 표면적인 모습밖에 보지 못하는 사람으로 여기게 된다.

따라서 얄팍해 보이지 않기 위해서는 잡담을 할 때도 깊이 있는 이야기를 할 필요가 있다. 깊이 있는 이야기로 전환하기 위해서는, 다음과 같이 개념적인 내용을 이야기하는 것이 좋다.

"요즘 유명한 그 드라마 봤어요?"

"네, 봤어요! 인간에 대한 관점이 심오하더라고요. 등장인물들이 살아가는 모습에 감동했어요."

"어떤 여자가 이상형인가요?"

"음, 마음속 깊은 곳에 이타심과 인간미를 함께 갖춘 여자가 좋은 것 같아요."

이처럼 가벼운 드라마나 연예 뉴스임에도 보다 깊이 있는 관점에서 인간관이나 인생관에 대한 화제로 대화의 격을 높이면, 상대방은 당신을 다시 보게 될 수밖에 없다.

실제로 우리 주위에는 이야기의 내용에 따라 사람을 평가해서 가볍게 대하거나 하찮게 취급하는 사람들이 많다. 그러므로 상대에 따라서는 구체적인 관점이 아니라, 개념적인 관점에서 이야기하는 것이 좋다.

또 젊은 사람들의 말투는 가급적 삼가는 게 좋다. 물건을 살 때 "진짜? 진짜요?", "완전 빨리해 드릴게요!"처럼 가벼운 말투를 쓰는 판매원들을 종종 보게 되는데, 이런 말투는 품위를 떨어뜨릴 수밖에 없다.

"오 대박!"
"아 됐고."
"느낌적인 느낌."

물론 고객을 접하는 사람이 위와 같은 말을 쓸 리는 없겠지만, 선배와 이야기할 때나 업무상 대화할 때도 마찬가지다. 이런 말투를 쓰는 순간 주변 사람들이 당신을 가볍게 보게 된다. 이와 관련해 스쿠버다이빙 강사인 친구가 내게 했던 말이 떠오른다.

"선배가 '손님과 사이가 좋아지면 안 돼. 사이가 좋아지면 말을 안 들으니까'라고 가르쳐 준 것이 지금도 인상 깊어."

스쿠버다이빙 현장은 상대방이 강사를 가볍게 보면 생명이 위험해질 수 있기 때문에 너무 사이가 좋아지지 않도록 조심하라고 선배가 이렇게 강조했다는 것이다.

이렇듯 친밀한 인간관계를 쌓으면서도, 단지 가볍게만 보이지 않으려면 적당히 거리를 둘 필요가 있는 경우도 존재한다.

> 말하기로 성공하는 사람은
> 평범한 화제를 한 단계 업그레이드한다!

05

성공하는 사람은
보이지 않는 부분을 칭찬하고,

실패하는 사람은
보이는 부분을 칭찬한다

성격이 밝은 사람에게 "아주 긍정적이시네요"라고 말하는 것은 너무 빤한 칭찬이다. 차분해 보이는 사람에게 "차분하시네요"라고 말하는 것도 너무 당연해 보인다.

남들의 마음을 사로잡을 줄 아는 사람은 다르다. 그들은 인상에 깊이 남는 칭찬을 한다. 상대방이 다음과 같이 생각할 만한 칭찬을 한다는 것이다.

'그래, 이 사람은 나를 잘 이해하는구나!'

말하기로 성공하는 사람은 상대방의 마음을 사로잡는 뜻이다.

남들과 똑같이 빤한 이야기를 하는 사람은 상대방의 마음을 사로잡지 못한다. 그렇다면 어떻게 해야 할까? 눈에 보이지 않는 내면을 칭찬해야 한다.

어떤 사람이든 냉철한 부분도 있고 뜨거운 부분도 있다. 냉철해 보이는 사람이라도 세 살배기 손녀 앞에서는 "할아부지예용~" 하고 아기 같은 말투로 이야기할 수 있다. 성격이 밝은 사람도 차분히 자기 자신을 성찰하는 경우가 있다. 얌전한 사람이라도 평소 함께 지내는 사람 앞에서는 아주 밝게 행동하게 된다.

중요한 것은 지금 눈에 보이는 한 면만으로 상대방의 인상을 단정 짓지 않는 일이다.

가령 얌전한 사람에게 눈에 보이는 것과 반대되는 칭찬을 해 보자.

"아주 차분한 성격으로 보이시지만 아까 하신 이야기에서 뜨거운 열정을 느꼈습니다. 내면에는 대단한 에너지를 가지고 계신 것 같은데요?"

그러면 상대방은 대게 이렇게 반응할 것이다.

"네? 그렇게 보이나요? 아닌데…….'"

하지만 말은 그렇게 하면서도 싫지 않은 표정을 짓는 사람이 대부분이다.

반대로 밝은 사람에게는 이렇게 말해 보자.

"성격이 정말 밝고 분위기를 띄우는 데 천재시네요! 그런 분일 수록 오히려 인간관계에서 크게 상처 받은 경험이 있고 그걸 극복한 경우가 많다는데 정말인가요?"

그러면 상대방은 많은 경우 이렇게 반응할 것이다.

"뭐, 여러 가지 일이 있었죠."

"예를 들면 어떤 일인가요?"

당신의 질문에 상대방은 웃으며 예전에 고생했던 이야기를 해줄 것이다.

이처럼 눈에 보이는 부분만 화제로 삼는 것이 아니라 반대되는 부분을 이야기해 보자. 그러면 상대방은 '이 사람은 내 표면적인 모습뿐만 아니라 숨겨진 부분까지 알아주는 사람 같아! 남들과는 좀 달라!'라고 생각하며 마음을 열 가능성이 높다.

사람에게는 누구나 양면성이 있어서, 겉으로 보이는 것과 반대되는 부분이 존재한다. 얌전해 보여도 열정적인 부분이 있다. 밝고 씩씩하고 호쾌해 보여도 아주 섬세한 부분이 있다. 그런 숨겨진 부분을 찾아내고 칭찬해 주면 짧은 시간에 깊은 관계를 쌓을 수 있다.

또한 '마인드 리딩(Mind Reading)', 즉 '당신의 마음을 읽고 있다'는 암시를 주어 신뢰 관계를 형성하는 방법도 있다. 대략 이런 방식이다.

"마쓰하시 씨는 항상 주변 사람들을 배려해서 자기주장을 숨기는 부드러운 분처럼 보이지만, 의외로 내면에는 열정적인 부분이 있죠?"

"네? 그런 부분이 확실히 있긴 한데, 왜 그렇게 생각하셨나요?"

"아니, 어쩐지 그냥 알 것 같아요."

이처럼 이유를 말하지 않고 얼버무리는 것이 비결이다. 그러면 남들이 잘 해 주지 않는 말이라는 의외성 때문에, 생각보다 좋은 반응이 돌아올 가능성이 높다.

이처럼 말하기로 성공하는 사람은 겉으로 보이는 모습만으로 판단하지 않고 상반되는 면도 상상할 줄 알아야 한다.

말하기로 성공하는 사람은
겉모습과 정반대의 부분을 칭찬한다!

06

성공하는 사람은
상대방의 가치관을 칭찬하고,

———

실패하는 사람은
겉모습을 칭찬한다

멋진 인간관계를 쌓아 나가는 사람들의 공통점은 '칭찬에 능숙하다'는 것이다. 이때의 느낌은 일부러 칭찬한다기보다 자연스럽게 상대방의 장점을 찾아내서 말로 표현한다는 느낌이다.

유명한 경영자 마쓰시타 고노스케는 이런 말을 남겼다.

"타인의 단점만 보이는 사람은 삼류, 타인의 장점도 보이지만 단점도 보이는 사람은 이류, 타인의 장점만 보이는 사람은 일류다."

상대방의 장점을 이끌어 내는 사람이 곧 일류라는 뜻이다.

그리고 상대방의 마음을 사로잡는 칭찬에는 비결이 따로 있다. 우리의 의식 수준에는 다섯 단계가 있는데 이것을 심리학에서는 '뉴로로지컬 레벨(Neurological Level)'이라고 한다. 타인의 마음을 얻기 위해서는 상위 단계를 칭찬해야 한다.

① 1단계: 환경
② 2단계: 행동
③ 3단계: 능력
④ 4단계: 가치관
⑤ 5단계: 자기 개념(자아상)

① 환경

외모를 칭찬하는 것은 환경 단계에 해당한다. 사는 곳이나 다니는 회사를 칭찬하는 것도 환경 단계의 칭찬이다.

"옷을 잘 입네."

"좋은 회사에 다니셔서 부러워요."

② 행동

상대방의 행동을 있는 그대로 칭찬하는 단계다.

"부탁드린 일을 해 주셔서 고마워요."

"그 일을 해 줄 사람이 자네밖에 없었어. 덕분에 살았어."

③ 능력

상대방의 능력을 칭찬하는 단계다.

"자네처럼 일 처리를 잘하는 사람도 흔치 않지."

"마무리를 항상 확실하게 해 주시네요."

④ 가치관

여기서부터 상대방의 마음을 파고드는 칭찬이라고 할 수 있다. 어떤 가치관을 가지고 있는지 꿰뚫어보고 그것을 칭찬하는 것이다.

"일 하나하나를 정성 들여 처리하는 자세에 항상 반한다니까."

"일에 대한 열정에서는 누구에게도 지지 않으시네요."

⑤ 자기 개념

최고의 칭찬은 상대방의 자기 개념, 다시 말해 자아상을 인정하는 것이다.

"자네의 그 신중함 덕분에 이번 위기를 넘겼어. 고마워!"

"자네의 깊은 배려가 항상 큰 도움이 돼."

환경, 행동, 능력 단계의 칭찬은 표면적인 칭찬에 지나지 않는다. 그러나 가치관이나 자기 개념의 칭찬은 상대방 그 자체를 칭찬하는 것이다. 높은 단계로 눈을 돌려서 상대방의 장점을 이끌어내면 상대방은 점점 더 빛날 것이다.

> **말하기로 성공하는 사람은**
> 마음을 흔드는 칭찬을 한다!

07

**성공하는 사람은
여러 사람에게 말을 시키고,**

**실패하는 사람은
계속 혼자서 말한다**

단둘이 이야기할 때와는 달리, 여러 명이 같이 이야기하는 경우 누군가 한 사람이 계속 말하는 장면을 심심찮게 보게 된다.

이렇게 한 사람이 쉬지 않고 이야기할 때면, 당신은 퍼실리테이션 역할을 맡는 게 좋다. 퍼실리테이션(facilitation)이란 회의 등에서 이야기의 정리를 돕는 것을 말한다. facilitation의 접두어 facil은 라틴어로 '쉽게 만들다', '촉진하다'라는 뜻이다. 즉, 퍼실리테이터(facilitator)를 한마디로 정리하면 '촉진하는 사람'이라는 뜻이라 할 수 있다.

말하기로 성공하는 사람은 주변을 잘 관찰하는 사람이다. 따라서 중요한 회의뿐만이 아니라 가볍게 잡담을 할 때도 누군가가 지루해하는 모습을 보이면, 당신이 퍼실리테이션 역할에 나서야 한다. 그 순서를 소개해 보겠다.

① 우선은 말하고 있는 사람에게 맞장구를 쳐서 자신에게 이야기하도록 유도한다. 무엇보다 잘 경청하는 것이 중요하다.
→ "우와, 정말요? A씨, 대단하네요!"

② 자신이 중심이 되어 이야기를 듣게 되면, 그 다음에는 이야기의 내용과 관련된 질문을 두세 가지 한다.
→ "그 다음은요? 구체적으로 어떻게 됐어요?"

③ 이야기의 흐름을 바꿀 타이밍이라면 다른 사람에게 질문한다.
→ "그랬구나! 그러면 B씨는 여기에 대해서 어떻게 생각해요?"

만약 함께 있으면서도 전혀 입을 열지 않는 사람이 있다면, 조금이라도 이야기할 기회를 주기 위해 당신이 이야기의 방향을 바꾸는 것도 필요하다.

나는 세미나가 끝난 후 종종 친목회를 연다. 그리고 이런 세미나에는 커뮤니케이션에 서툰 사람들이 많이 참가하기 때문에, 친목회를 열면 일부 사람들만 계속 이야기하고 대개는 거의 이야기를 하지 않는 일이 흔하다. 그런 사람들은 "아까부터 말씀이 전혀 없으시네요. 뭔가 이야기 좀 해 주세요"라고 말을 걸어도 "아닙니다. 듣는 것만으로도 충분히 재미있어요"라고 대답한다.

하지만 그 말을 그대로 믿어서는 안 된다. 누구에게나 말하고 싶은 욕구는 반드시 있기 때문이다. 그래서 친목회 참가자들이 속 시원하게 하고 싶던 말을 다 이야기하고 만족도가 높아진 상태로 떠나기를 바라기 때문에, 나는 누구에게나 빠짐없이 질문을 해서 반드시 대화에 참가시킨다.

원래 이야기로 돌아와, 한 명만 계속 말하고 있는 경우에는 이야기의 흐름을 억지로 바꾸는 것이 좋다.

"그렇구나, A씨 대단하네요! 그건 그렇고 B씨, 지난번 말한 그 건은 어떻게 됐나요?"

이렇게 이야기의 허리를 꺾어 화제를 전환하는 것이다. 듣는 사람의 기분을 살피지 않고 언제까지나 혼자 떠드는 사람이 있다면 가끔은 이렇게 할 필요도 있다. 상대방을 신경 쓰지 않고 계속 떠드는 유형의 사람은 의외로 이런 일을 마음에 담아 두지 않는다.

혹시 여러분 중에서 '나 혼자만 떠들고 있었구나!'라고 깨닫는 상황이 있다면, 얼른 다른 사람에게 말을 시키자. 듣는 사람의 상태를 항상 관찰하는 것이 소통의 달인이 되는 첫걸음이다.

＞ **말하기로 성공하는 사람은**
＞ 모두가 이야기할 수 있는 상황을 만든다!

2장

호감도가 높아지는
'듣기'

08

성공하는 사람은
상대방의 이야기를 듣고,

실패하는 사람은
자기 이야기를 한다

소통이란 말의 캐치볼과도 같다. 말하기와 듣기 양쪽 모두가 필요하다는 뜻이다. 야구에 비유하면 공을 던지는 기술과 받는 기술이 모두 필요한 것이다.

시합 전의 투구 연습에서는 투수가 좋은 컨디션으로 공을 던질 수 있도록 포수가 신경 써서 공을 받아 준다고 한다. 공을 받을 때 팡, 하고 소리가 잘 울리도록 하는 것이다. 툭, 하고 탁한 소리로 받으면 투수가 흥이 나지 않기 때문이라고 한다.

마찬가지로 소통에 뛰어난 사람들은 멋진 반응으로 상대방을 움직이는 힘을 가지고 있다. 얼핏 보면 '말을 잘한다'는 느낌만 들지도 모르지만, 사실 소통에 뛰어난 사람들은 경청 능력이 아주 뛰어나다.

경청을 잘하면 상대방이 바라는 바를 잘 알게 된다. 자연스레 상대방의 바람에 맞춰 말할 수 있게 된다. 그 결과로 대화에 탄력이 붙고 상대방에게 좋은 인상을 줄 수 있다. 반대로, 말하기에서 실패하는 사람에게는 다음과 같은 특징이 있다.

- 하고 싶은 말을 먼저 하지 않으면 손해라고 생각한다.
- 우월한 위치에 있는 사람이 말하고, 낮은 위치에 있는 사람은 듣는 것이라고 생각한다.
- 타인의 이야기를 듣는 일이 귀찮다.
- 이야기가 어떻게 전개될지 알면 앞질러서 이야기하려 든다.
- 상대방의 말을 가로막고 질문을 시작한다.
- 끝까지 참고 듣지를 못한다.

이런 특징을 가진 사람과 대화하면 재미가 없다. 자신의 마음을 털어놓을 수 있다는 생각이 들지 않기 때문에 표면적인 관계만 유지하게 된다. 자신의 이야기를 들어 주지 않는 사람과는 무언가를 의논하고 싶지 않은 법이다.

그런데 남의 이야기를 듣지 않는 사람일수록 오히려 "내 말 좀 제대로 들어!"라는 압력을 가하는 법이다. 그래서 사람들은 그를 점점 더 싫어하게 된다. 결과적으로 이런 사람에게는 중요한 정보가 모이지 않게 된다.

또한 남의 이야기를 듣지 않는 사람들에게는 하나의 도드라진 공통점이 있다. 바로 '단정 짓기'다.

① 내가 옳고 상대방은 비상식적이라고 단정한다

남의 이야기를 듣지 않는 사람은 누가 옳고 누가 틀린지에 집착한다. 처지가 달라지면 관점도 달라지기 마련인데, 이런 사람은 '나는 항상 옳아. 내가 이해할 수 없는 사람은 비상식적인 사람이야'라며 타인의 사고방식을 비상식적이라고 단정 짓는다. 그렇게 되면 맘에 들지 않는 상대방의 이야기는 자신에 대한 공격이라고 생각할 수밖에 없게 된다. 그래서 남의 이야기를 경청하지 않는 것이다.

② 상대방의 생각을 단정한다

소통 때문에 고민하는 사람들 중에는 '저 사람은 분명 이렇게 생각할 게 틀림없어'라고 단정 짓는 사람이 많다. 그런데 정작 "상대방이 정말 그렇게 말했나요?"라고 물어보면 "아뇨, 말한 적은 없어요"라는 대답이 돌아온다. 왜 그렇게 생각하는지 물어도 명확한 해답은 없고, 착각에서 나오는 해석뿐인 경우가 대부분이다.

상대방의 생각을 단정 지어 버리면 상대방의 이야기를 경청하지 않게 된다. 진의는 말로 확인해야 하는데, 그렇게 하지 않기 때문에 대인관계가 불필요하게 복잡해지는 것이다.

어떤 경우든 타인의 이야기에 귀를 기울여야 타인도 내 이야기에 귀를 기울여 주는 것이다. 이해하는 사람이 이해 받는 법임을 명심하자.

> **말하기로 성공하는 사람은**
> 단정 짓지 않는다!

09

성공하는 사람은 '늦게 내고', ― 실패하는 사람은 '빨리 낸다'

가위바위보에서 반드시 이기는 방법은 무엇일까? 간단하다. 상대방보다 늦게 내면 된다. 그러면 반드시 이긴다. 물론 그렇게 하면 치사하다고 욕을 먹고 승부도 무효가 되기 때문에 이득이 없다. 하지만 대화에서는 '늦게 내기'를 해도 아무도 뭐라고 하지 않는다.

나는 약 5년 전부터 이 대화법에 '늦게 내기 커뮤니케이션'이라는 이름을 붙여, 세미나와 책을 통해 전파하고 있다. 실제로 이 늦게 내기 커뮤니케이션이 도움이 돼 '영업 실적이 극적으로 올랐다', '휴대전화에 저장된 친구가 3명에서 300명이 되었다', '결혼했다' 등 인생이 바뀌었다고 말하는 사람들이 많다.

반대로 말하기에서 실패하는 사람은 다음과 같이 '빨리 낸다'.

"처음 뵙겠습니다. 아, 간사이 지역 출신이시군요. 간사이는 역시 한신 타이거즈죠. 제가 좋아하는 선수는 투수……."

"아뇨, 저는 한신 타이거즈 싫어해요. 히로시마 팬이거든요."

"네? 아아, 그렇군요……."

"야쓰가타케 산에 다녀왔어요."

"야쓰가타케! 올라가기 힘들었죠? 저도 새벽 5시에 출발해서 하루 종일 올랐는데 정말 고생했어요."

"아니, 케이블카로 올라갔는데요……."

"어서 오세요. 컴퓨터를 찾으시는군요. 그렇다면 이 상품을 추천합니다. 용량을 줄인 만큼 가성비가 아주 좋거든요. 최신 기능도 있어서 아주 편리해요."

"아니, 비싸도 괜찮으니까 용량이 큰 게 좋고, 최신 기능은 없어도 괜찮아요."

위의 대화 예를 보면 알 수 있듯 상대방의 이야기를 먼저 제대로 듣지 않고, 자신의 지레짐작으로 이야기를 진행시키면 소통이 잘 이루어지지 않는다. 이처럼 자신이 하고 싶은 말과 자신의 마음을 이해해 주려 하지 않는 사람에게는 누구도 호감을 가지지 않는다.

자신이 하고 싶은 말을 '빨리 내고', 그 다음에 상대방의 말을 듣는 것은 어떻게 봐도 불리한 짓이다. 그러나 손해를 보는 행동임에도 불구하고 많은 사람들이 자기가 하고 싶은 말을 '빨리 내서' 기회를 망쳐 버린다.

반대로 상대방이 실컷 말하도록 한 후, 그 내용에 맞춰 이야기하면 상대방의 마음에 확실히 다가갈 수 있다.

"처음 뵙겠습니다. 아, 간사이 지역 출신이시군요. 이제 곧 야구 시즌인데, 야구 좋아하세요?"

"네, 어릴 때부터 히로시마 팬이에요."

"그렇군요. 어떤 계기로 팬이 되셨나요?"

"어제까지 야쓰가타케 산에 갔었어요."

"야쓰가타케 산이요? (상대방의 눈을 바라보며 침묵)"

"네. 가족들과 함께 케이블카를 타고 올라갔는데, 아이가 얼마나 좋아하던지……."

"어서 오세요. 컴퓨터를 찾으시는군요. 어떤 걸 찾으시나요? 평
소 어떤 용도로 많이 쓰시죠? (상대방의 이야기를 자세히 들은 뒤) 그
렇다면 이걸 추천합니다."

이처럼 철저하게 '늦게 내기'를 하면 상대방과의 소통이 원활
해질 가능성이 높아진다.

> **말하기로 성공하는 사람은**
> 서두르지 않고 천천히 상대방의 이야기를 듣는다!

10

**성공하는 사람은
자랑을 듣기를 좋아하고,**

—

**실패하는 사람은
고생담을 듣기를 좋아한다**

대화를 하다가 화제가 없어져서 말이 끊겼다고 가정해 보자. 그럴 때 잘 나오는 이야기가 바로 '자랑'과 '고생담'이다.

상대방이 그런 이야기를 꺼내면, 당신은 마음속으로 '그 이야기 다섯 번째라고!'라고 중얼거릴지도 모른다. 하지만 겉으로는 "우와, 대단하네요!", "힘드셨겠어요!"라며 열심히 리액션을 하고 있을 것이다. 그리고 집에 오면 녹초가 된다. 누구에게나 그런 경험이 있지 않을까?

자랑과 고생담 중 하나를 들어야 한다면, 당신은 무엇이 더 나은가? 1,500명을 대상으로 한 설문조사에서 흥미로운 결과가 나왔다.

'고생담이 낫다'고 대답한 사람은 연 수입 300만 엔 미만인 집단에서는 거의 70퍼센트였다. 반면 연 수입 1,000만 엔인 집단에서는 40퍼센트에 불과했다. 연 수입이 적을수록 남이 고생한 이야기를 좋아한다는 뜻이다.

반면 '자랑이 낫다'는 대답은 반대의 결과를 보였다. 연 수입 300만 엔 미만인 사람들 중에서는 약 30퍼센트였지만, 연 수입 1,000만 엔 이상인 사람들 중에서는 60퍼센트였다. 연 수입이 많아질수록 남이 고생한 이야기보다 자랑이 낫다고 대답한 것이다.

또 직종별로 보면 회사원, 공무원, 자영업자 중에서는 '고생담이 낫다'고 대답한 사람이 60퍼센트를 넘은 반면, 경영자 중에서는 '자랑이 낫다'고 대답한 사람이 60퍼센트에 가까웠다. 바꾸어 말하면, 경영자들은 남이 실패한 경험보다 성공한 경험에 관심이 있다는 뜻이다.

실제로 연 수입이 많을수록 타인의 성공 경험에서 배우려는 자세가 강하다. 따라서 상대방이 자랑을 시작했을 때 미간에 주름을 잡고 불쾌한 표정으로 앉아 있는 것은 나만 손해다.

"지난주에 해외여행을 다녀왔어요."

"사실 이번에 집을 샀어요."

"우리 아이가 국립 대학교에 붙었는데 말이야……."

"골프에서 80타 아래로 내려갔다고!"

위와 같은 이야기를 하는 사람은 신나서 어쩔 줄을 모른다. 그럴 때마다 일일이 배 아파 하면 당신은 그릇이 작은 사람이 될 뿐만 아니라, 좋은 정보를 수집할 기회를 눈앞에서 놓쳐 버리는 것이다.

"어디로 다녀오셨어요? 어디가 좋았어요? 얼마였나요? 여행사는 어디였어요?"

"인테리어는 어디에 맡기셨나요? 거기를 고른 결정적인 이유는 뭔가요?"

당신은 위와 같은 반응으로 좋은 정보를 얻을 기회를 가질 수 있다.

또한 참고 사례가 많으면 많을수록 좋은 판단 기준이 될 수 있다. 결정 장애가 있는 사람은 정보가 부족해서 기준이 없기 때문에 판단을 쉽게 내리지 못한다. 따라서 더 많은 참고 사례의 수집은 풍요로운 인생을 위해 필요한데, 그러기 위해서도 타인의 자랑을 적극적으로 들어야 한다.

실제로 영업사원 시절 실적을 올리지 못하던 내가 갑자기 잘나가게 된 이유 중에는, 고객의 자랑과 고생담을 재미있게 듣게 된 것이 큰 부분을 차지한다. 특히 자랑을 잘 들어줄 때 고객의 기분이 좋아져서 계약을 할 확률이 높아지고, 내게는 좋은 참고의 사례가 되었기에 일석이조였다.

이처럼 무슨 이야기를 해야 좋을지 모를 때일수록 상대방의 자랑을 이끌어 내서 일석이조로 삼아야 한다.

> **말하기로 성공하는 사람은**
> 타인의 성공 경험을 많이 듣고 자신의 인생에서 활용한다!

11

**성공하는 사람은
대화의 이면을 읽어 내고,**

**실패하는 사람은
있는 그대로 받아들인다**

심리학에서는 감정을 다섯 가지로 분류한다. 긍정적인 감정은 한 가지, 부정적인 감정은 네 가지다.

> 긍정적인 감정: 기쁨
> 부정적인 감정: 슬픔, 분노, 불안, 괴로움

당신이 이 감정들을 확실히 이해하면, 끝도 없이 계속되는 상대 방의 고생담과 자랑이 단숨에 짧아질 수 있다. 공감을 원하는 지점에서 공감을 얻었다고 느끼면, 상대방도 더 길게 이야기할 필요가 없기 때문이다.

대화에는 표면에 드러나지 않는 감정이 숨어 있다. 예를 들어 상대방이 이렇게 말했다고 가정해 보자.

"이거 봐! 끝내주지! 명품이라서 비싸."

"이번에도 가족들과 해외여행을 다녀왔어요."

이 이야기는 표면적으로는 명품을 자랑하고 싶을 뿐이고, 해외 여행을 다녀온 것을 자랑하고 싶을 뿐으로 보일 수 있다. 그러나 과연 그것뿐일까?

"학부모회의에서 누구누구가 무엇무엇을 했대."

"오늘은 아침부터 이런 일이 있어서 힘들었어."

아내가 당신에게 소문이나 고생담을 길게 이야기한다고 하자. 아내가 말하고 싶은 것은 정말 '그 이야기'뿐일까? 매일 똑같은 소문이나 고생담을 이야기하는 것이 정말 '그 이야기'를 하고 싶기 때문일까?

표면적으로는 아이가 어쨌다든가, 이웃이 어쨌다든가 하는 사소한 에피소드를 말하고 싶은 듯 보이지만, 그 속에는 사실 '공감을 바라는 마음'이 숨어 있다. 즉, 중요한 것은 겉이 아닌 그 마음을 읽어 내는 일이다.

- 내가 이렇게 고생하는 것을 알아줬으면 좋겠다.

- 슬픔을 달래 줬으면 좋겠다.

- 분노를 이해해 줬으면 좋겠다.

- 불안에 귀를 기울여 줬으면 좋겠다.

- 괴로운 마음을 알아줬으면 좋겠다.

당신은 상대방의 이런 내밀한 감정을 포착해야 한다. 그러나 대화에서 실패하는 사람은 상대방의 이야기를 액면 그대로만 받아들인다. 그래서 이론적으로만 처리해 버리는 바람에 불필요하게 상대방의 분노를 산다.

반면, 대화에 성공하는 사람은 상대방의 이야기를 '무슨 말을 하고 싶은가?'가 아니라 '어떤 감정을 알아주기를 바라는가?'라는 관점에서 듣는다.

상대방의 감정을 탐색하기 위해서는 '감정 언어'를 놓치지 말아야 한다. 슬픔, 분노, 불안, 괴로움 등 감정을 나타내는 말을 반드시 포착해서 그대로 따라 하는 것이 중요하다. 에너지의 양도 그대로 돌려주는 것이 핵심이다.

"아침에 아이를 학교에 보내자마자 가게에 갔는데, 사려고 했던 게 매진이었어! 결국 세 곳이나 돌아다니는 바람에 진짜 힘들었어!"

"그거 정말 힘들었겠다!"

위의 반응처럼 상대방과 똑같은 에너지의 양으로 확실하게 공감해 주는 것이다.

상대방의 감정을 읽어 내는 일을 의식적으로 수행하면 원활한 소통이 가능해진다. 상대방의 감정에 의식을 집중하자.

\ 말하기로 성공하는 사람은
/ 대화에서 상대방의 감정을 읽어 낸다!

12

성공하는 사람은 상대방을 이해하려 시도하지 않고,

실패하는 사람은 상대방의 입장에서 생각한다

"상대방의 입장에서 생각해 봐."

우리는 어릴 때부터 얼마나 많은 사람에게서 이 말을 들어 왔는지 모른다. 부모님에게서, 선생님에게서, 또는 도덕 시간에 당연한 듯 각인되어 온 사고방식이라고 해도 좋을 것이다.

나도 이것이 당연하다고 생각했다. 심리학을 배우기 전까지는. 하지만 사실 이것은 소통에서 실패하는 사람의 사고방식이다.

NLP(Neuro Linguistic Programming) 심리학에서 가장 먼저 배우는 말이 있다.

'지도는 영토가 아니다.'

지도는 사람이 만든다. 지도는 사람이 지형을 해석해서 종이에 옮겨 그린 것일 뿐이다. 그래서 일본의 지도, 중국의 지도, 한국의 지도에서는 영토를 해석하는 방법이 저마다 다르다. 예를 들어 일본해라는 이름의 바다는 중국이나 한국의 지도에 존재하지 않는다. 비행기나 우주선을 타고 실제로 한 나라의 영토를 돌아보면 정확한 국경을 확인할 수 있을까? 물론 그렇지 않다. 어디까지나 각 나라의 사람들이 자신의 사정에 맞춰 해석한 것이 지도일 뿐이다.

즉, 지도란 해석이다. 한편 영토란 실제 존재하는 토지 그 자체다. 마찬가지로 '오늘은 따뜻하다', '저 사람은 차갑다' 이것은 현실이 아니라 해석이다. 반면 '오늘 기온은 18℃다', '저 사람은 이런 말을 했다' 이것이 현실이다.

얼마 전 만난 클라이언트가 내게 이런 고민을 털어놓았다.

"우리 상사는 냉혹함과 비정함 그 자체예요. 쓰러질 때까지 일을 시키고 야근도 당연하게 생각해서, 퇴사하는 사람들도 많아요."

클라이언트의 머릿속에서는 '냉혹한 사람'이라는 상사에 대한 해석이 현실이 되어 있었다. 이렇게 고민을 하다 보면 사실과 해석이 뒤섞이기 마련이다.

이에 대해 NLP 심리학에서는 '사람들은 각자 다른 지도를 가지고 있다'라고 말한다. 클라이언트에게 고민의 대상인 상사는 '냉혹하고 비정한 사람' 외에 아무것도 아니다. 머릿속에 그런 지도가 완성되어 있는 것이다.

그러나 그 상사의 지도는 '결과를 위해 무리하게 일을 시키는 것은 냉혹하다'가 아니라 '어떻게 해서든 회사를 위해 결과를 내자. 회사에서 출세하자'일 수도 있다.

이처럼 입장이 달라지면 지도도 완전히 달라진다. 관리직이라는 위치에서 회사를 바라본 적이 없는 사람이, 무리하게 결과를 추구하는 자세를 이해하지 못하는 것은 당연하다.

'상대방의 입장에서 생각해 본다.'

얼핏 보면 옳은 말 같지만, 결국 사람은 자신의 경험을 바탕으로 생각할 수밖에 없다.

"상대방의 입장에서 생각해 봤지만 그 상사의 행동은 이해할 수 없어요."

"기껏 상대방의 입장에서 생각해 줬는데 좋아하지 않더군요."

이런 실패는 전부 자신의 가치관을 토대로 상대방을 생각하기 때문에 일어난다. 아무리 상대방의 입장에서 생각해도 결국은 자신의 가치관이 반영될 수밖에 없기 때문이다.

상대방을 기쁘게 하기 위해 깜짝 선물을 하는 일도 사실은 자기중심적인 행동이라고 할 수 있다. 상대방을 놀라게 했을 때 기분이 좋은 사람은 자기 자신뿐이다. 실제로 깜짝 선물을 받은 사람들 중에서 "받긴 했는데 쓸데가 없어서 아쉬워요"라는 말을 자주 하는 경우를 보게 된다. 이것도 상대방의 입장에서 생각했기 때문에 실패한 결과의 예다. 따라서 무엇을 갖고 싶은지 확실히 물어보는 것이 좋다.

중요한 것은 상대방의 가치관을 아는 일이다. 상대방이 무엇을 왜 원하는지 대충 추측하거나 망상하지 말고 확실히 질문해서 답을 들어야 한다.

상대방과 서로 이해할 필요는 없다. 다시 말해 생각을 서로 일치시킬 필요는 없다. 중요한 것은 자신의 지도와 어떻게 다른지 확실하게 알아보는 일이다. 성공하는 사람들은 그렇게 한다.

말하기로 성공하는 사람은
상대방이 무슨 생각을 하는지 직접 듣는다!

13

성공하는 사람은
간접 질문을 하고,
—
실패하는 사람은
직접 질문을 한다

다음은 초보 세일즈맨이었을 때, 내가 자주 저질렀던 실수들
이다.

"고객님은 몇 살이신가요?"
"어떤 일을 하고 계시죠?"
"몇 년 근무하셨나요?"

이처럼 하고 싶은 질문을 거리낌 없이 하면 상대방은 어떤 생각
이 들까? 프라이버시를 침해당하는 기분이 든다. 기분 나빠 하는

사람도 많다. 내가 마치 심문하듯 질문을 연발했기 때문에, 평가당하고 있다고 느끼는 것이다. 이런 질문을 '직접 질문'이라고 한다.

이와 같은 직접 질문에서는 단도직입적으로 대답을 구하기 때문에 잘못된 소통은 오히려 발생하지 않는다. 정확한 사실이나 정보를 수집하기 쉽다는 장점도 존재한다. 그러나 상대방과의 관계가 손상될 가능성도 높아진다.

특히 사생활에 대해 직접 질문을 하면 상대방은 경계심을 가지게 된다.

"어느 대학을 졸업하셨나요?"

"지금 남자 친구는 있나요?"

이런 질문은 처음 만나 좋은 인간관계를 쌓아 나가고자 할 때는 부적절한 질문이다. 따라서 상대방에게 경계심을 주지 않고 질문하는 방법이 필요한데, 대표적인 것이 '승낙법'과 '간접 질문'이다.

'승낙법'은 상대방의 승낙을 얻고 나서 하고 싶은 질문을 하는 방법이다. "잠시 무엇에 관련된 질문을 드려도 될까요?"라고 물으면, 상대방에게 당신이 조심하며 마음을 쓰고 있다는 뉘앙스가 전달된다. 아까와 같은 예라면 다음과 같은 질문이 된다.

"어느 대학을 졸업하셨는지 질문 드려도 될까요?"

"지금 남자 친구가 있는지 질문 드려도 될까요?"

'간접 질문'은 묻고 싶은 내용을 일부러 빙 돌려 질문하는 방법이다. 예를 들면 다음과 같다.

"어떤 일을 하시죠?"
→ "어떤 분야와 관련된 일을 하시죠?"

이처럼 '관련'이라는 말을 써서 구체적이지 않은 범위를 묻는 것이다. 그 후 조심스럽게 깊이 들어가면 된다.

"남자 친구는 있나요?"
→ "휴일은 어떻게 보내시나요?"

휴일을 어떻게 보내는지 알면 상대방의 사적인 부분을 추측하기 쉬워진다.

"몇 살이신가요?"
→ "노래방에서는 어떤 노래를 부르시나요? 학생 시절 어떤 연예인을 좋아하셨나요?"

어떤 노래를 좋아하는지 알면 대강 나이를 짐작할 수 있다.

"결혼 후에도 계속 일하고 싶으신가요?"
→ "직장에는 결혼 후에도 계속 일하는 분이 많이 계신가요?"

상대방의 생각을 알기 위해 주어를 다른 사람으로 바꾸어 묻는
방식이다.

이런 간접 질문을 기억해 뒀다가 스마트하게 질문해 보자.

> 말하기로 성공하는 사람은
> 상대방에게 실례되지 않도록 배려하며 질문한다!

14

성공하는 사람은
그저 듣기만 하고,

—

실패하는 사람은
해결책을 제시한다

여성에게서 많이 들어오는 상담 중 하나가 '남편 또는 남자 친구가 내 이야기를 들어 주지 않는다'라는 고민이다. 거꾸로 남성은 남성대로 '아내 또는 여자 친구의 이야기를 들어 줘도 화를 낸다'라며 고민을 늘어놓는 경우가 많다.

내가 결혼한 지 얼마 되지 않았을 때, 저녁을 먹으면서 아내가 이렇게 말을 꺼낸 적이 있다.

"글쎄 말이야, 오늘 과장이 얼마나 짜증을 내던지 몰라."

"음, 무슨 일인데?"

"내 일도 아닌데 나한테 일을 떠넘기는 거야. 게다가 어떤 말까지 했냐면……."

"그래? 그럴 때는 내가 영업에서 잘 쓰는 양자택일법으로 대응하면 돼."

"그래도 그렇게 하면, 과장은 이러이러하게 말할 거야."

"그럴 때는 'Yes but' 방식으로 받고, 그 다음 하고 싶은 말을 하는 거야."

"됐어! 그런 게 아냐!"

"그럼 뭔데?"

"됐다고!"

이런 말다툼을 경험한 커플이 꽤 많지 않을까. 이것은 남성의 뇌와 여성 뇌의 차이에서 비롯되는 트러블의 전형적인 예다.

여성은 고민이 있을 때 수다로 스트레스를 해소한다. 거기서 해결책을 찾는 것이 아니다. 남성은 이것을 이해하지 못한다. 남성은 해결책을 원할 때만 고민을 털어놓기 때문이다.

하지만 여성은 그저 자신이 어떤 감정 상태인지 상대방이 들어 주기를 바랄 뿐이다. 공감해 주기를 바랄 뿐이다. 그러므로 해결책을 말하고 싶어도 참아야 한다. 우선은 말없이 이야기를 들어 주는 것이 평화를 향한 길이다.

반면, 남성은 큰 스트레스나 고민이 있을 때 여성처럼 가볍게 털어놓지 않는다. 동반자인 여성과 함께 있어도 정신적으로는 혼자가 된다. 그래서 함께 지내는 동반자가 보면 마음이 다른 곳에 가 있는 것처럼 느껴진다.

그런 태도 때문에 여성은 '요즘 어쩐지 차가워졌어', '말을 해도 듣는 둥 마는 둥 하고, 나한테 관심이 없어진 걸까'라고 불안을 느끼기도 한다. 함께 살지 않는 경우라면 '요즘 연락을 전혀 주지 않네'라는 고민도 할 것이다.

하지만 동반자인 여성에게 관심이 없어진 것이 아니다. 그저 혼자 있고 싶었던 것 뿐이다. 남성은 고민이 생기면 혼자 있고 싶어 한다. 이것을 유명한 연애심리학자 존 그레이 박사는 '동굴에 틀어박힌다'라고 표현한다. 남성은 스트레스를 받으면 마치 상처를 입은 동물이 동굴에 틀어박혀 상처를 돌보듯 하기 때문이다.

또한 남성은 스트레스를 해소하기 위해 야구나 축구 중계에 몰두한다. 또는 DVD에 집중하거나 게임에 열중한다. 그럴 때는 옆에서 무슨 말을 해도 소용이 없다. 오직 무언가에 집중함으로써, 즉 동굴에 틀어박혀 스스로를 치유하는 데 몰두하는 것이다. 이럴 때 여성이 할 수 있는 일은 없다. 그저 동굴에서 나오기를 기다릴 수밖에 없다.

결론적으로 남성에게 고민을 털어놓는 일은 '나는 무능하다'라고 선언하는 행위와도 같다. 남성은 자신보다 권위가 있고 해결할 능력이 있는 사람에게만 상담하려 든다. 그렇게 어느 정도 스스로 상처가 아물고 나면 동굴에서 어슬렁어슬렁 걸어나와 이윽고 동반자나 동료와 의논할 수 있게 된다.

이처럼 남성과 여성의 고민 해결 방법이 다름을 배우면 불필요한 트러블이 없어질 것이다.

\ 말하기로 성공하는 사람은
/ 남녀의 뇌 차이를 이해한다!

: 3장 :

신뢰받는 사람이 되는
'거리 좁히기'

15

성공하는 사람은 상대방의 눈을 보고,

―

실패하는 사람은 눈을 피한다

최근에 한 여성과 다음과 같은 상담을 진행한 적이 있다.

"저는 인간관계가 너무 어려워요."

"부모님이나 형제자매와는 어떤가요?"

"그건 괜찮아요. 하지만 상사와의 관계가 잘 안 풀려요."

"잘 안 풀린다는 건 어떤 뜻이죠?"

"미움 받고 있어요."

"그렇군요. 미움 받고 있다고 생각하는 이유는 뭔가요?"

"인사를 해도 받아 주지 않아요."

"아, 그건 심하네요. '안녕하세요!'라고 먼저 말을 걸어도 무시한다는 거죠?"

"아뇨, '안녕'이라고 대답은 해요. 그런데 제 얼굴을 보고 인사하는 일이 없어요. 분명히 절 미워하는 거예요! 보통 인사할 때는 얼굴을 보잖아요!"

이 이야기를 듣고 내가 회사를 다니던 때 겪었던 상사가 떠올랐다. 그 상사 역시 내가 보고나 의논을 하러 가면 항상 일손을 멈추지 않고 "보고? 그래, 이야기해 봐"라고 말했다. 그때마다 나는 '사람 말 좀 제대로 들어요!'라고 말하고 싶었다. 그런데 아이러니하게도 내가 상사가 되니 이렇게 기분이 나빴던 것을 완전히 잊고 말았다.

내가 관리직이 되었을 때의 일이다. 일을 마치고 퇴근할 때 "먼저 갈게요. 수고하셨습니다!"라고 항상 인사를 하던 여성 부하직원이 있었다. 그런데 그 직원이 언젠가부터 인사를 하지 않고 집에 가기 시작했다. 이상해서 그 직원과 친한 동료에게 슬쩍 물어보니 이런 대답이 돌아왔다.

"마쓰하시 씨는 인사를 해도 항상 컴퓨터만 들여다보고 있을 뿐, 자기를 보고 인사해 주지 않는다고 하더라고요."

실제로 소리 내어 말해도 눈을 마주치지 않으면, 상대방은 인사를 받았다는 기분이 들지 않는다. 따라서 타인이 말을 걸었을 때 컴퓨터에서 눈을 떼지 않는 사람은 주의해야 한다. 무언가 일에 몰두하는 중이라도 인사를 하거나 받을 때는 반드시 손을 멈추어야 한다.

주위를 둘러보면 보디랭귀지의 중요성을 경시하는 사람이 의외로 많다. 말만으로 소통이 된다고 생각하기 때문이다. 이렇게 이야기를 할 때 상대방의 눈을 보지 않는 행동은 우리의 무의식에서 나오는 듯하다. 그러나 그 때문에 상대방이 자신의 이야기를 듣고 있지 않다고 느끼는 사람이 많다는 사실을 알아야 한다.

실제로 영업 일을 하던 때 지점장으로 진급해 면접을 담당한 적이 있었는데, 면접관과 눈을 마주치지 않는 지원자들이 가끔 있었다. 기본적으로 그런 사람들은 불합격이었다. 아무래도 이쪽의 이야기를 제대로 듣고 있지 않는 느낌이 들기 때문이다.

여기서 눈을 마주치는 행동에는 남녀 차이가 있다. 남성은 자신이 말할 때는 상대방의 눈을 본다. 반면 상대방이 말할 때는 눈을 보지 않고 듣기만 하는 남성이 많다.

여성은 반대다. 자신이 말할 때는 상대방의 눈을 보지 않고, 상대방이 말할 때는 눈을 보며 듣는다. 그러므로 남성이 여성의 이야기를 들을 때는 눈을 제대로 바라보며 들을 필요가 있다. 또 여성이 남성에게 이야기할 때는 눈을 바라보며 이야기하도록 의식할 필요가 있다.

한편 남성이나 여성이나 관심이 있는 상대와 대화할 때는, 이야기를 할 때나 들을 때나 확실하게 눈을 바라본다고 한다. 즉, 관심이 있든 없든 언제나 눈을 보고 이야기하는 습관을 들이는 것이 좋다.

> 말하기로 성공하는 사람은
> 눈 맞추기를 잊지 않는다!

16

**성공하는 사람은
상대방과의 공통점을 만들고,**

**실패하는 사람은
공통점을 찾는다**

우리는 첫 만남에서도 같은 고등학교 출신이거나 취미가 같으면 순식간에 친밀한 관계가 될 수 있다. 나 역시 나와 같은 아오모리히가시 고교 출신인 사람과는 금세 선후배 관계가 되어 친해진다. 또 같은 기타리스트를 좋아하고 심지어 같은 곡을 좋아한다고 하면 꽤나 신이 난다. 몇 시간이고 음악 이야기를 할 수도 있다.

그러면 공통점을 찾을 수 없는 사람이 눈앞에 있을 때는 어떻게 해야 할까? 사는 곳이나 출신지, 취미에서 공통점이 있으면 좋겠지만 항상 일이 그렇게 쉽게 풀리지는 않는 법이다.

그러나 소통의 달인들은 공통점이 전혀 없어도 상대방과 쉽게 친해질 수 있다. 그렇다면 상대방이 90세 할머니라면 어떤 공통점을 찾아서 분위기를 띄울까? 또는 6세 남자아이라면 어떤 공통점이 있을까? 연령대가 너무 다르기 때문에 일이나 취미에서 공통점을 찾기가 아주 어려울 텐데, 달인들의 비결은 무엇일까? 바로 취미나 출신지 외의 공통점을 만들어 내는 것이다. 그 기술을 '페이싱(Pacing)'이라고 한다.

1970년대에 천재라고 불리는 상담사 세 명이 있었다. 그들은 다른 상담사들에게 몇 년을 상담해도 낫지 않던 증상을 아주 짧은 기간에 치료하는 상담사들이었다. '어떻게 그런 일이 가능할까?' 관심을 가진 리처드 밴들러는 연구를 거듭한 끝에 그들이 클라이언트를 대할 때 모두 같은 기술을 사용하고 있음을 발견했는데, 이를 체계화한 것이 'NLP 심리학'이다.

NLP 심리학은 다양한 심리 기술과 심리 요법의 장점만을 한데 모은 심리학으로 최근 배우는 사람이 급격히 증가하고 있는데, NLP 심리학의 기술 중 하나가 '페이싱'이다. 페이싱이란 상대방과 파장을 맞추는 기술이라고 할 수 있다.

당신 주위에 처음 만나는 사람과도 금세 친해지는 소통의 달인이라고 할 만한 사람이 있는가? 있다면 그들은 누구와도 파장을 맞추는 '페이싱'을 남모르게 활용하고 있는 것이다.

상대방과의 공통점을 만드는 것, 즉 파장을 맞추는 것이 인간관계의 기본이다. 파장을 맞추면 상대방과 친밀한 관계가 생겨난다. 이처럼 친밀한 관계가 형성된 상태를 '라포(Rapport, 공감대)'라고 한다. 이는 상대방이 자신에게 호감을 가지고 신뢰하는 상태라고 할 수 있다.

소통에 능숙한 사람들은 어떤 상대든 곧바로 파장을 맞춘다. 소통에 서툰 사람들은 그 반대다. 상대방이 자신에게 파장을 맞춰 주기를 기다릴 뿐이다. 상대방에 맞추지 않고 자기 방식으로 소통하기 때문에 파장이 맞는 사람과 맞지 않는 사람이 나뉘고 만다. '저 사람과는 주파수가 안 맞아'라고 느낀다면 파장을 잘 맞추지 못하고 있다는 증거다.

결국 친밀한 관계를 쌓기 위해서는 세 가지 페이싱이 필요하다.

① 말의 페이싱
② 목소리의 페이싱
③ 보디랭귀지의 페이싱

이 세 가지 페이싱을 잘 사용하게 되면 누구와도 파장이 맞게 된다. 어떤 상대든 첫 만남부터 친밀한 관계를 형성할 수 있는 것이다. 이제부터 이 세 가지를 자세히 설명하겠다.

말하기로 성공하는 사람은
누구와도 파장을 맞춘다!

17

성공하는 사람은
그대로 따라 하고,

실패하는 사람은
한마디 덧붙인다

말로 상대방과 파장을 맞추는 방법에는 두 가지가 있다. '말의 백트랙(Backtrack)'과 '의미의 백트랙(Backtrack)'이 그것이다. '말의 백트랙'은 상대방의 말을 그대로 되풀이하는 것이고, '의미의 백트랙'은 상대방이 말하려는 의도를 파악해서 말을 받는 것이다.

① 말의 백트랙

"지난 일요일에 온 가족과 함께 우에노 동물원에 다녀왔어요."

"아, 우에노 동물원에 다녀오셨군요."

② 의미의 백트랙

"지난 일요일에 온 가족과 함께 우에노 동물원에 다녀왔어요."

"오, 우에노 동물원이라고 하면 역시 판다죠! 판다 보셨어요? 아이들은 판다를 아주 좋아하니까 신났겠네요!"

어느 리액션이 더 좋은 리액션일까? 꽤 많은 사람들이 ②를 선택할 것이다. 하지만 만약 ②를 선택한다면 '남의 이야기를 제대로 듣지 않는 사람'이라고 스스로 인정하는 것과 마찬가지다. '우에노 동물원에 갔다는 말을 통해서 어떤 이야기를 하고 싶었을까?'를 그 한마디만으로 판단해서는 안 되기 때문이다.

만약 ②와 같이 마음대로 추측하고 억측해서 리액션을 하지 않았다면, 원래의 나는 이렇게 말하고 싶었을지 모른다.

"우에노 동물원에 갔는데 일요일이라 사람이 엄청나게 많아서…… 뭐 그보다 그 뒤에 아메요코 시장에 갔는데 참치 대뱃살을 3천 엔 어치나 샀지 뭐예요. '1만 엔짜리를 3천 엔에 드립니다! 가져가세요!'라고 말하기에 사 버렸어요! 집에 와서 먹어 봤더니 맛이 없어서 실망했지만 말이에요. 역시 장사는 적극성과 타이밍이에요. 손님 눈치를 잘 보고 좋은 타이밍에 값을 깎아 주는 거죠. 장사를 잘하는 사람들은 관찰력이 좋아요."

하지만 내가 하고 싶던 말과 상관 없이 상대방이 이렇게 말했다면 어떨까?

"오, 우에노 동물원이라고 하면 역시 판다죠! 판다 보셨어요? 아이들은 판다를 아주 좋아하니까 신났겠네요! 판다는 대나무가 주식인데, 대나무라고 다 먹는 게 아니라 먹는 종류가 따로 있대요. 그러고 보면 소나 고릴라는 초식동물인데도 근육이 엄청나죠. 풀에서 아미노산을 만드는 미생물이 장 속에 있기 때문이래요!"

이렇게 판다의 주식이나 초식동물의 소화 따위를 끝없이 이야기하기 시작하는 사람이 있다면 어떨까? 사실 나는 아이가 없고, 초식동물의 소화가 궁금하지도 않은데 말이다. 내가 하려던 이야기에 전혀 가깝지 않은 것이다.

②와 같이 '의미의 백트랙'에 과도하게 의존하면 자신의 억측과 추측으로 이야기를 진행시키게 된다. 이처럼 자신의 착각, 억측, 추측 등으로 자신이 하고 싶은 말만 하는 것을 '블로킹'이라고 하는데, 블로킹을 예방하기 위해서라도 가장 무난하고 확실한 '말의 백트랙'을 해야 한다.

그러나 우리 주위를 둘러보면 말의 백트랙, 다시 말해 따라 하기에 서툰 사람들이 너무 많다.

"지난 일요일에 가족과 함께 우에노 동물원에 다녀왔어요."

"아, 지난 일요일에 가족과 함께 우에노 동물원에 다녀오셨군요."

이처럼 문장을 단지 따라 하기만 하면 마치 코미디처럼 되고 만다. 따라서 따라 할 때는 키워드 하나만 포착해서 따라 하는 것이 비결이다. 따라 하는 말이 짧으면 짧을수록 이야기의 속도를 떨어뜨리지 않고 분위기를 띄울 수 있다.

대화할 때 상대방의 말에 무언가 한마디 덧붙이는 것이 습관인 사람일수록, 하고 싶은 말이나 생각난 말을 꾹 참고 상대방의 말을 그대로 되풀이하는 습관을 기르자.

＼ **말하기로 성공하는 사람은**
／ **키워드 하나만 따라 하는 것이 특기!**

성공하는 사람은
목소리 톤을 맞추고,

실패하는 사람은
자기 톤으로 말한다

18

분위기 파악을 못하는 사람이라고 하면 어떤 이미지가 떠오르는가? 주변 사람들이 조용히 이야기하는데 혼자 큰 소리로 떠드는 사람들이 그렇지 않은가?

그 반대도 있다. 다들 흥이 나서 큰 소리로 재미있는 이야기를 하는데 혼자서 소곤소곤 말하는 사람들 말이다. 어떻게 되는가? 분위기가 확 식어 버리고 만다. 이처럼 분위기 파악에서는 목소리 크기가 차지하는 부분이 아주 크다. 즉, 목소리 크기를 맞추는 일은 아주 중요하다.

목소리의 크기 외에 말의 빠르기도 있다.

상대방은 천천히 말하는데 이쪽은 빠른 속도로 "네!", "그렇죠!", "응!" 하고 덥석덥석 맞장구를 치면 재촉하는 느낌을 주게된다. 반대로 빠르게 이야기하는 상대에게 "아~ 그렇군요~" 하고천천히 대답하면 대충 듣고 있다는 느낌을 주게 된다. 어느 쪽이든 속도가 맞지 않으면 상대방은 이야기를 제대로 듣고 있지 않다고 느끼게 되는 것이다.

영업 일을 하다 보면 잘 되는 시기와 아무리 노력해도 잘 안 되는 시기가 있다. 시기 자체는 어쩔 수 없지만, 큰 문제는 슬럼프에 빠지면 마음이 초조해져서 고객과 파장을 맞추지 못하게 될 가능성이 높아진다는 것이다. 결국은 실적이 더 오르지 않는 악순환에 빠지고 만다.

특히 실적이 저조한 영업사원일수록 항상 씩씩하고 밝게 고객을 대하는 경우가 많은데, 이게 과연 올바른 방법일까? 그들은 고객이 조용조용 말하든 시원시원하게 말하든 신경 쓰지 않고 자기 속도로만 밝게 말하려 노력한다. 그래서 결국은 추후 약속도 잡히지 않고 상품도 팔리지 않게 된다.

내가 전화로 약속을 잡는 영업을 7년 가까이 하던 시절, 실적이 엄청나게 올라서 자기 기록을 경신한 적이 있다. 당시는 NLP 세미나에 참가한 직후였는데, 목소리 페이싱을 연습해서 실전에서 시험해 본 것이 실적을 낸 가장 큰 이유였다. 상대방의 목소리 크기와 빠르기를 잘 듣고 곧바로 거기에 맞추었기 때문이다.

목소리 톤도 중요하다.

상대방이 조용하게 이야기한다면 당연히 목소리 톤도 낮을 것이다. 그렇다면 평소 목소리 톤이 높다고 해도 톤을 낮춰서 상대에게 맞출 필요가 있다. 만약 조용히 이야기하면 상대방에게 나쁜 인상을 줄지도 모른다는 걱정이 든다면, 완전히 똑같은 톤으로 이야기할 필요까지는 없다. 그래도 평소보다는 낮고 차분한 톤으로 이야기하는 것이 중요하다. 반대로 상대방의 목소리 톤이 높은 경우 똑같이 높은 톤으로 이야기하는 것이다.

물론 목소리 톤이 낮은 사람이 일부러 톤을 높여 이야기하기가 쉽지만은 않다. 평소 조용히 이야기하는 사람은 오랜 습관 때문에 낮은 톤이 몸에 배어 있기 때문이다. 그래도 남들처럼 노래를 부를 수 있다면 높은 톤으로 말하는 것도 가능하다. 개선하기 위해서는 계속 의식하는 수밖에 없다. 반드시 노력하기를 바란다.

말 사이의 틈도 중요하다.

이쪽이 질문을 해도 대답이 곧바로 돌아오지 않는 경우가 있다. 그런데 몇 초밖에 되지 않는 침묵을 견디지 못해 떠들기 시작하는 사람이 너무나도 많다. 이런 사람들은 '침묵 공포증'에 걸려 있는 것이다.

　말과 말 사이에 틈을 얼마나 두느냐는 사람마다 다르다. 상대방의 타이밍을 존중하고 똑같은 정도로 틈을 두는 것이 상대방과 파장을 맞추는 비결이다. 이렇게 틈을 맞추기 위해서는 상대방의 호흡을 잘 관찰해야 한다. 말할 때는 숨을 내쉬어야 한다. 따라서 상대방이 숨을 들이쉬는 타이밍을 잘 파악하는 것이다. 상대방이 침묵하고 있다면 호흡의 깊이와 빠르기를 맞추자. 이러한 점들을 항상 의식하는 것이 좋다.

말하기로 성공하는 사람은
상대방이 말하는 법을 따라 한다!

19

**성공하는 사람은
턱을 잘 보고 말하고,**

—

**실패하는 사람은
말하는 데에만 열중한다**

상대방의 말을 그대로 따라 하고 목소리도 상대방에게 맞췄다면, 마지막으로는 보디랭귀지를 맞추는 단계에 들어가야 한다. 보디랭귀지의 요소는 다음과 같은 네 가지다.

① 자세 　　② 중심

③ 표정 　　④ 호흡

처음에는 자세를 맞추자.

상대방이 허리를 곧게 세우고 있다면 이쪽도 똑바른 자세를 취하는 것이다. 상대방이 편안하게 구부정한 자세를 취하고 있다면 이쪽도 구부정한 자세를 취해야 한다.

그다음에는 중심을 맞춘다.

상대방이 오른발에 중심을 싣고 있다면 자신은 왼쪽에 중심을 싣는 것이다. 이렇게 거울과 같은 모습을 만드는 것을 '미러링(Mirroring)'이라고 한다. 예를 들어 상대방이 차를 마실 때 오른손으로 찻잔을 들면 자신은 왼손으로 드는 것이다. 이렇게 움직임의 파장을 상대방에게 맞춰 나가야 한다.

그다음에는 표정이다.

상대방이 즐거운 이야기를 하고 있다면 나도 따라서 웃으며 듣는 것이 좋다. 슬픈 이야기는 슬픈 얼굴로 듣고, 불안하거나 괴로운 이야기도 상대방과 똑같은 표정으로 듣는 것이다.

가장 중요한 것은 호흡이다.

파장이 맞는 상태, 마음이 통하는 상태를 '호흡이 맞는다'고 하듯이, 상대방과 호흡을 맞추면 깊고 친밀한 관계를 쌓을 수 있다.

호흡의 페이싱에는 세 가지 요소가 있다.

① 호흡하는 부위
② 호흡의 리듬
③ 호흡의 깊이

사람들을 호흡하는 습관으로 나누면, 목이나 어깨로 호흡하는 사람, 가슴으로 호흡하는 사람, 배로 호흡하는 사람이 있다.

우선 상대방이 어느 부위로 호흡하는지 관찰해야 한다. 그다음에는 사람은 말할 때는 숨을 내쉬므로 거기에 맞춰서 자신도 숨을 내쉬는 것이다. 그리고 숨을 들이쉬는 타이밍을 맞춰서 자신도 숨을 들이쉬면 된다.

호흡의 깊이도 맞추는 것이 좋다. 나 역시 수많은 상담을 하면서 이런 호흡의 페이싱을 매번 연습했다. 하지만 호흡의 페이싱은 정말로 어렵기 때문에 다양하게 연구한 끝에 발견한 페이싱이 있다. 바로 턱이다. 상대방이 말할 때 이루어지는 턱의 리듬과 깊이를 나와 맞추면 호흡도 맞게 된다.

따라서 상대방이 짓는 턱의 움직임을 주목하자. 말을 할 때 턱이 조금씩 움직이는 사람도 있고, 아주 크게 움직이는 사람도 있다. 또 턱이 빠르게 움직이는 사람이 있는가 하면, 천천히 움직이는 사람도 있다. 이렇듯 다양한 상대방의 턱 움직임에 맞춰 같은 리듬과 깊이로 자신의 턱을 움직이면, 신기하게도 친밀한 관계가 빠르게 형성될 수 있다.

호흡 그 자체를 맞추기 위해서는 상당한 관찰력이 필요하지만, 턱의 움직임은 누구라도 따라 할 수 있다. 턱의 페이싱을 철저히 연습하면 몇 주 만에 인간관계가 놀랍도록 달라지는 것을 느낄 수 있을 것이다. 그러니 오늘부터 꼭 시도해 보기를 바란다.

말하기로 성공하는 사람은
상대방을 잘 관찰한다!

20

성공하는 사람은
청크를 맞추고,

실패하는 사람은
청크가 어긋난다

"배고프네요. 우리 어디 갈까요?"

이 질문에 대한 대답은 세 가지가 있을 수 있다.

> ① "그러네요. 맛있는 식당에 갔으면 좋겠어요."
>
> ② "중국 요리가 좋을 것 같아요."
>
> ③ "마파두부가 먹고 싶네요."

청크(Chunk)란 '덩어리'라는 뜻이다.

①을 선택한 사람은 청크가 큰 사람이다. 이런 사람들은 큰 목

표를 세우거나 비전을 수립하는 일이 특기다. 다만 구체적인 부분으로 좁혀 나가며 진행하는 실무적인 면은 소홀히 하기 쉽다. 따라서 청크 다운을 해서 세세한 부분에도 신경을 쓸 필요가 있다.

②를 선택한 사람은 청크가 중간인 사람이다. 이들은 균형이 잡혀 있지만, 그만큼 강점이 없다고도 할 수 있다.

③을 선택한 사람은 청크가 작은 사람이다. 이들은 눈앞의 일 처리나 실무에 뛰어나다. 세세한 부분까지 살피고 야무지게 처리하기 때문에 아주 믿음직하다. 그러나 '나무만 보고 숲은 보지 못하는' 경향이 강해서, 원래의 목적을 상실하거나 사소한 부분에 걸려 앞으로 나아가지 못하는 경우가 있다. 그래서 아래의 문장 같은 청크 업을 통해 큰 목표와 목적을 명확히 할 필요가 있다.

'나는 무엇을 위해 이 일을 하고 있는가?'
'나는 무엇을 원하는가?'
'나는 어떻게 되고 싶은가?'

이렇게 청크가 큰 질문을 스스로에게 꾸준히 할수록 본래의 목적을 명확히 할 수 있다. 여기서 중요한 것은 청크 다운과 청크 업

모두 각각의 강점이 있으므로 상황에 따라 잘 나누어 사용해야 한다는 것이다. 실제로 청크가 맞지 않으면 대화가 어긋나기 쉬운데, 다음과 같은 대화들을 보면 정확히 알 수 있다.

"고객님은 어떤 집을 찾으시나요?"

"글쎄요, 기분 좋게 살 수 있는 집이 좋겠어요."

"그렇다면 이 집은 어떨까요? 바닥 난방도 되어 있어서 겨울에 아주 쾌적합니다."

"으음, 그런 이야기가 아니라 정신이 차분해지는 집이 좋아요."

"그렇군요. 그렇다면 이 집의 바닥 색깔이 차분해서 좋을 것 같네요."

"아, 오늘은 일이 좀…… 다음에 다시 올게요."

이렇게 고객과 영업사원의 청크가 다르면 이야기는 전혀 진행되지 않는다. 당연히 이 경우 영업사원은 다음과 같이 고객의 청크에 맞춰야 한다.

"기분 좋게 살 수 있는 집이 좋겠어요."

"아, 기분 좋게 살 수 있는 집! 구체적으로는 어떤 느낌을 생각하시나요?"

"정신이 차분해지는 집이 좋아요."

"정신이 차분해지는 집에는 어떤 조건이 필요한가요? 색상도 관계가 있을까요?"

이처럼 우선은 상대방의 청크 단계에 맞춰 대화하는 것이 중요하다. 처음에는 청크가 상당히 크므로 개념적인 주제부터 시작해 점점 구체적이고 자세한 부분으로 좁혀 나가며 순서대로 대화하는 것이다. 항상 상대방에 맞춰 대화를 하는 것, 그것이 바로 성공하는 사람의 조건이다.

> **말하기로 성공하는 사람은**
> 상대방이 원하는 수준에서 대화한다!

21

성공하는 사람은
관심 없는 화제라도 공감하고,

—

실패하는 사람은
지루해한다

"어제 골프에서 80타 아래로 내려갔지 뭐야!"

이렇게 상대가 당신이 모르는 분야의 화제를 꺼내면 어떻게 해야 할까? 당신은 골프를 쳐 본 적이 없고, 쳐 보고 싶다는 생각도 없는데! 80타 아래로 내려갔다는 말을 들어도 그것이 대단한지 아닌지도 모르는데 말이다.

그럴 때는 질문으로 분위기를 띄우자. 마치 조폭이 '형님'에게 하듯 질문하는 것이다.

"형님! 그건 어떤 겁니까? 대단하십니다, 형님!"

물론 무조건 이런 말투를 쓸 필요는 없다. 단지 전혀 관심이 없는 이야기라도 이렇게 질문을 해서 배우라는 뜻이다. 좀 더 품위 있게 말하자면, 마치 학생이 된 듯 상대방에 대한 존경을 표현하며 질문하는 것이 핵심이다.

당신이 모르는 무언가를 아는 사람이 눈앞에 있다면, 관심이 없더라도 일단 배우자. 그 이야기가 다른 어딘가에서 도움이 될지 모른다.

중요한 것은 '공감'이다.

누구든 자신이 잘하거나 좋아하는 일에 대해 이것저것 질문을 받으면 어깨가 으쓱해지는 법이다. 상대방은 자신 있는 분야를 신나게 이야기하며 자연스레 기분이 좋아지게 된다.

그렇게 되면,

- 상대방이 당신에게 호감을 가진다.
- 자신의 지식도 늘어난다.
- 경청하는 방법도 연습할 수 있다.

상대방도 좋아하고, 내 지식도 늘어나고, 소통 기술도 향상되니 그야말로 일석삼조. 따라서 잘 모르는 화제라도 적극적으로 대화에 참여해 상대방에게 많은 이야기를 듣는 것이 중요하다. 그러면 어떤 상대라도 즐겁게 대화할 수 있다.

　여기서 중요한 점은 상대방이 좋아한다는 것이다. 실제로 상대방에게 깊은 관심을 보이고 이야기를 열심히 들어 주는 사람은 그렇게 많지 않다. 따라서 자신과 이야기하면서 기분이 좋아지는 사람이 늘어난다는 것은 자신을 응원해 주는 사람이 늘어난다는 뜻이다.

　말하기로 성공하는 사람은 남들을 기쁘게 해 주는 낙으로 산다. 돈이나 물질로 기쁘게 해 주는 것이 아니라 '저 사람과 함께 있으면 즐거워!'라고 상대방이 생각하도록 만든다. 당신 자신이 먼저 화제를 제공할 필요도 없다. 단지 상대방의 이야기를 경청해서 기쁘게 해 주는 것만으로도 충분하다. 그러다 보면 상대방이 곧 이런 말을 꺼내게 될 것이다.

　"저만 계속 떠들고 있었네요. ○○ 씨는 취미가 뭔가요?"

　상대방이 원 없이 이야기하도록 경청을 하면 이런 반응이 돌아오게 되는데, 그때 원래 하고 싶은 이야기를 하면 된다. 반대로 상대방이 들을 준비가 되지 않았을 때는 자신이 하고 싶은 말을 해봤자 전달되지 않는 법이다.

　내가 영업에서 성공한 계기도 이런 경청 방법을 배웠기 때문이다.

　"아, 저 혼자만 떠들어서 미안합니다. 그래서 그 상품은 얼마였죠? 주문할까 싶은데요.”

“네? 상품 설명을 거의 안 드렸는데, 정말 괜찮으신가요?”

이렇게 상품 설명도 제대로 하기 전에 열심히 상대방의 이야기
를 듣기만 했더니 고객이 상품을 구입하겠다고 하는 경우가 실제
로도 꽤 많았다. 이처럼 상대방의 기분을 좋게 만들면 자신에게도
큰 보상이 돌아온다는 것을 명심하자.

> **말하기로 성공하는 사람은**
> 잘 모르는 화제라도 적극적으로 경청한다!

: 4장 :

유능한 사람으로 보이는 알기 쉽게
'전달하기'

22

성공하는 사람은
이해시키려고 하고,
———
실패하는 사람은
이해 받기를 바란다

말하기로 성공한다는 것은 곧 풍부한 인간관계 속에서 살아간다는 뜻이다. 인간관계가 풍부한 사람은 타인에게 마음을 잘 쓴다. 이들은 '내가 할 수 있는 일은 최대한 해 주자'라는 마음가짐을 항상 갖추고 있다.

반대로 인간관계가 잘 풀리지 않는 사람은 주변 사람들이 자신에게 뭔가 해 주기를 기대한다. 수동적으로 기다리기만 할 뿐인 경우가 많다. 그러나 정작 무엇을 원하는지 제대로 말하지 않기 때문에 상대방이 눈치 채기가 힘들다.

그럼에도 자신이 기대한 일을 상대방이 해 주지 않으면 불평하기 시작한다. "이것도 안 해 줬어! 저것도 안 해 줬어!", "배려가 없어.", "나를 참 몰라"라고 상대방을 비난한다. 왜 그렇게 되느냐 하면 심층심리에 '피해의식'이 항상 도사리고 있기 때문이다.

- 아무도 나를 소중히 여기지 않는다.
- 나는 소중히 여겨질 가치가 없다.
- 나는 아무에게도 사랑받지 못한다.

실제로 그들의 머릿속에는 이런 부정적인 생각이 각인되어 있는 경우가 많다.

"왜 화내는 거야? 하고 싶은 말이 있으면 해."
"정말 모르겠어? 생각해 봐."
"생각해 보라니, 말을 안 하면 어떻게 알아!"
"평소에 나한테 관심이 있었으면 당연히 알지! 날 사랑하지 않는 거야!"

위의 대화처럼 불만이 있어도 상대방에게 구체적으로 말하지 않는다. 대신 태도로 내가 이렇게나 기분이 상했다는 신호를 보내고 있으니 알아차려 달라고 말할 뿐이다.

특히 남성보다는 여성이 이런 경우가 많은데, 충고하자면 남성이 자신의 마음을 헤아려 주기를 원해 봤자 기대를 배반당할 뿐이다. 약간의 표정 변화만으로 여성의 감정을 꿰뚫어보는 일은 대부분의 남성에게는 불가능하다. 여성이 기본적으로 갖추고 있는 '알아차리는 능력'이 남성에게는 전혀 없기 때문이다.

어릴 때는 말로 설명하지 않아도 펑펑 울거나 꽁해 있으면 엄마가 이것저것 돌봐 주었다. 사실 성인이 되어도 계속 이렇게 행동하는 사람이 의외로 많다. 그러나 어릴 때는 통하던 방법도 어른이 되면 통하지 않는다. 주변 사람들은 엄마가 아니기 때문이다.

또 한 가지, 소통이 잘 되지 않는 사람의 특징이 있다. 그들은 다음과 같은 생각으로 소통하는 일을 쉽게 포기하고 만다.

- 말해 봤자 이해해 주지 않는다.
- 말해도 소용없다.
- 다 필요 없다.

이처럼 자신의 마음을 말로 전달하려는 노력을 포기해 버리면 깊은 관계를 쌓을 수 없다. 포기해 버리기 때문에 말하는 기술도 향상되지 않는다. 이것도 '남들은 내 마음을 몰라줘'라는 부정적인 착각이 원인이다.

타인이 자신에게 무언가를 해 주기를 바란다면, 우선 자신이 무언가를 해 주는 것이 성공 법칙의 기본이다. 배려 받는 사람이 되기 위해서는 우선 자신이 남을 배려해야 한다.

> 말하기로 성공하는 사람은
> 자신의 마음을 말로 표현한다!

23

성공하는 사람은
결론부터 말하고,

—

실패하는 사람은
이유부터 말한다

회사원이었던 때 나는 "자넨 말이 너무 길어! 결론부터 말해!"
라고 상사에게 자주 혼이 났다. 상사의 입장에서 보면 좀처럼 본
론으로 들어가지 않는 나 때문에 답답할 만도 했을 것이다. 이처
럼 서론이 길어지는 것은 크게 두 가지 이유 때문이다.

① 자신감이 없다

이야기의 내용은 다음과 같은 세 가지로 분류할 수 있다.

1. '이런 일이 있었습니다'라는 사실

2. '아마 이럴 것 같습니다'라는 자신의 예상

3. '이렇게 하는 것이 좋겠습니다'라는 자신의 의견

만약 긴 서론을 없애고 간결하게 이야기하면 '사실', '예상', '의견' 중 무엇을 말하고 있는지를 명확히할 수 있다. 그러나 그렇게 되면 자신감이 없는 사람은 곤혹스러워진다. 자신감이 없는 사람은 책임을 회피하려는 의식이 있어서, 타인이 의견을 물었을 때 확실히 대답하는 것을 싫어하기 때문이다. 그래서 자신에게 의견을 물을 가능성을 낮추기 위해 상황 보고를 불필요하게 길게 하는 것이다.

또 단도직입적으로 보고나 제안을 하면 "그건 안 돼!"라고 단칼에 거부당할지 모른다는 두려움도 있다. 그래서 '확실히 이해하도록 과정을 제대로 이야기해야 해'라는 심리가 작용해 말을 중언부언하는 것이다.

② 자신감이 지나치다

반대로 자신감이 지나쳐서 자기 이야기를 길게 늘어놓는 패턴도 있다. 이런 부류의 사람들은 '저 자신감은 대체 어디서 나오는 거지?' 하고 신기하게 생각될 만큼 자신감이 넘친다. 그래서 묻지도 않은 이야기를 언제까지고 하면서 상대방의 말은 제대로 듣지 않는다. 질문에도 제대로 대답하지 않는 유형이다. 특히 부하 등 아랫사람을 대할 경우 이야기가 더욱 길어지기 쉽다.

결국 어떤 유형이든 정신이 큰 영향을 미치고 있으므로, 결론부터 말해 달라고 부탁해야만 나아진다. 자신이 두 유형 중 하나에 속한다고 느낀다면 우선 그 부분을 개선하도록 노력하자.

나 같은 경우 상사에게서 매번 "결론부터 말하라고!"라는 말을 듣다 보니 어느새 자연스럽게 결론부터 말하는 버릇이 생겼다. 그렇게 하자 상사가 자세한 내용은 묻지 않고 "그럼 그렇게 진행해"라고 말하는 경우가 늘어서 깜짝 놀랐던 기억이 있다. 물론 이유를 철저히 묻는 경우도 있지만 그것은 상사가 결정할 일이다.

반대로 말하기로 성공하는 사람은 논리적인 사고가 몸에 배어 있는데, 논리적 사고는 4단계의 순서로 이루어진다.

① 처음에 결론을 한마디로 말한다
② 그 결론의 이유를 간략히 말한다
③ 이유를 자세히 설명한다
④ 마지막으로 다시 한 번 결론을 말한다

서론이 긴 사람은 '③ 이유를 자세히 설명한다'부터 시작하기 때문에 실패하는 것이다. 따라서 우선 결론부터 말하는 습관을 들여야 한다.

"결론부터 말씀드리겠습니다. 결론은 ○○입니다."

이 말을 외우고 매번 의식해서 말해 보자. 결론을 말하고 나서 "그 이유는?"이라는 질문을 받으면, 다음과 같이 이유를 최대 3개로 압축해서 말하는 것이다.

"이유는 세 가지입니다. 첫째는……."

습관을 들이면 당신은 하고 싶은 말을 알기 쉽게 전달할 수 있고, 머리가 좋은 사람이라는 인상도 줄 수 있을 것이다.

> 말하기로 성공하는 사람은
> 설명이 짧다!

24

성공하는 사람은
상대에 따라 전달법을 바꾸고,

—

실패하는 사람은
항상 똑같이 말한다

"무슨 말인지는 이해하겠는데 기분이 안 내켜요."

협상이나 비즈니스 미팅에서 이런 반론이 나온다면? 더 이상 이론적으로 설명하는 것은 소용이 없다는 뜻이다. 이런 반응이 나오는 원인은 상대방의 마음을 움직이는 표현력이 부족하기 때문이다.

사람은 오감을 이용해서 정보를 받아들이는데, 사람마다 우선적으로 이용하는 감각이 다르다. 그래서 어휘를 사용하는 법도 느끼는 법도 저마다 제각각이다.

① 시각 우선 유형

머릿속에 그려지는 그림이나 영상을 생각하며 그 이미지를 우선시해서 접근하는 유형이다. 이런 유형의 사람들은 영화를 보고 난 소감을 물으면 "그 장면이 대단했어요!", "클라이맥스 때의 표정이 멋졌어요"와 같이 시각 이미지를 중심으로 대답한다. 휴대전화를 고를 때의 기준은 당연히 디자인과 색상이다.

② 청각 우선 유형

머릿속을 울리는 말이나 소리를 우선시해서 접근하는 유형이다. 이런 유형의 사람들은 영화를 보고 나서 "그 대사가 와 닿았어요", "음악이 좋았어요"와 같은 소리가 중심인 평을 쏟아낸다. 휴대전화를 고를 때의 기준은 무엇보다 음질이다.

③ 신체 감각 우선 유형(촉각, 후각, 미각을 한데 묶어 신체 감각이라고 함)

몸의 감각이나 감정을 우선시해서 접근하는 유형이다. 이런 유형의 사람들은 영화를 보고 난 뒤 "찡했어요", "눈물이 멈추지 않았어요", "가슴을 파고들었어요" 같은 신체적인 표현을 많이 사용한다. 휴대전화를 고르는 기준은 손에 쥐었을 때의 감촉이 결정적이다.

④ 이론 우선 유형

오감은 사용하지 않고 자신과의 대화가 중심이며 이론에 강한 유형이다. 이런 유형의 사람들은 지식의 축적을 아주 좋아하기 때문에 영화의 소감 역시 "제작비가 120억 엔에 ○○ 감독이 10년 동안 구상한 대작이에요. 이미 관객을 12만 명 동원해서 이번 주 박스오피스 3위인 인기작이죠. 스토리가 아주 치밀해서 재미있었어요"라는 식으로 말한다. 즉, 숫자를 많이 사용하고 이론적이며 명확한 말투가 특징이다. 또 감정을 배제한 표현을 즐겨 사용한다. 휴대전화는 역시 기능이 많은 것을 고른다.

만약 이론 우선 유형의 사람끼리 만난다면 객관적인 데이터를 이용해 쉽게 설득을 할 수 있다. 그러나 시각 유형, 청각 유형, 신체 감각 유형에는 각각에 맞는 표현이 필요하기 때문에 쉽게 통하지가 않는다. 따라서 다음의 노하우를 살릴 필요가 있다.

시각 유형에는 눈에 보이는 이야기를 한다.
"모든 분들이 미소 짓게 될 거예요."
"세상에는 이렇게 보일 겁니다."

청각 유형에는 귀에 들리는 이야기를 한다.

"모든 분들의 웃음소리가 들리게 될 거예요."

"세상 사람들은 이렇게 말할 겁니다."

신체 감각 유형에는 느낌이 오는 이야기를 한다.

"모든 분들이 안심하고 일할 수 있게 될 거예요."

"세상에 도움이 된다고 느낄 수 있을 겁니다. 그렇게 되면 기분이 아주 좋아지죠."

이론 유형에는 숫자와 이론을 확실히 말한다.

"기존보다 120퍼센트 향상될 거예요."

"심리학적으로 볼 때 오감을 잘 활용하는 것이 최고입니다."

결론은 상대에 따라 잘 전달되는 표현이 다르다는 것이다. 물론 사용하는 어휘를 임기응변으로 바꾸는 일은 쉽지 않지만, 상대방이 어떤 유형인지 잘 판단하는 연습을 하다 보면 정밀도가 점점 높아질 것이다.

말하기로 성공하는 사람은
상대방에게 잘 전달되는 말을 찾아낸다!

25

**성공하는 사람은
초등학생도 알아듣게 말하고,**

—

**실패하는 사람은
똑똑한 척 말한다**

말을 잘해서 사람의 마음을 끌어당기는 이들의 특징은, 아주 이해하기 쉽게 말한다는 것이다. 여기서는 반대로 이해하기 어렵게 말하는 사람들의 특징을 살펴보겠다.

① 지시어가 많다

이해하기 어렵게 말하는 사람은 '이, 저, 그'를 너무 많이 사용한다. 결국 무엇을 지칭하는지 알기 어려워서 대화가 혼란스러워진다. 여기서 '이, 저, 그'란 다음과 같은 지시대명사의 총칭이다.

'이것, 저것. 그것, 어느 것' (대명사)

'이런, 저런, 그런, 어떤' (관형사)

'이렇게, 저렇게, 그렇게, 어떻게' (부사)

'이, 저, 그' (관형사)

말을 할 때는 가능한 한 지시어를 사용하지 않고 구체적으로 이야기하도록 명심하자.

② 바꾸어 말하지 않는다

대화 중 전문용어를 썼다고 가정해 보자. 그때 상대방의 반응이 좋지 않으면 얼른 다른 말로 바꾸어 설명하는 것이 말하기에서 성공하는 방법이다.

말하기에서 실패하는 사람은 상대방을 위한 배려가 부족하기 때문에, 어휘가 통하지 않는다고 느껴도 같은 어휘를 몇 번이고 반복하거나 천천히 다시 말할 뿐이다. 누구나 이해할 수 있는 말로 변환하는 능력이 부족한 것이다.

쉬운 말로 바꾸어 설명하는 능력은 평소의 독서량이 결정한다. 사용할 수 있는 쉬운 어휘를 늘리도록 노력하자.

③ 지나치게 추상적이다

알아듣기 어렵게 말하는 사람은 추상적인 이야기를 많이 한다. 다음과 같은 식이다.

"그 프로젝트는 어떻게 돼 가고 있나?"

"네, 잘 진행되고 있습니다!"

"잘이라니 어떻게?"

"얼마 전까지는 그저 그랬지만 이번 주부터 드디어 제대로 속도가 붙었습니다."

"숫자로 말해!"

"마쓰하시, 고객에게는 진심으로 다가가야지!"

"진심으로 다가간다는 건 어떤 건가요?"

"상대방을 생각하는 마음이 중요하다는 뜻이야!"

"구체적으로는 어떻게 하면 되나요?"

"좀 더 가족같이 대하라고!"

"(전혀 구체적이지 않은데……)"

특히 이런 대화 유형의 사람 중에는 신체 감각을 우선시하는 사람이 많다. 24항에서도 말했듯 오감을 이용하는 방법은 사람마다 달라서 세 가지로 나뉜다.

- 시각을 우선시하는 사람
- 청각을 우선시하는 사람
- 신체 감각을 우선시하는 사람

이 중에서 신체 감각을 우선시하는 사람이 특히 추상적인 말을 많이 하는 경향이 있다. 그러나 몸이나 기분으로 느낀 감각은 말로 표현하기 어려워서 추상적인 이야기가 되기 쉽기 때문에, 시각이나 청각을 우선시하는 사람에게는 알아듣기가 너무 어렵다. 이런 사람들은 가능한 한 숫자를 사용해서 이야기하도록 의식하면 구체적인 대화를 할 수 있다.

무엇보다 열 살 아이라도 이해할 수 있도록 이야기하는 것이 말하기로 성공하는 사람들의 공통점이다.

〉 **말하기로 성공하는 사람은**
〉 **구체적으로 이야기한다!**

26

**성공하는 사람은
I 메시지로 부탁하고,**

**실패하는 사람은
YOU 메시지로 부탁한다**

　어떤 사람에게 들은 이야기인데, 그 사람의 부인은 다른 사람들을 움직이는 데에 아주 뛰어나다고 한다. 그 부인의 말은 어쩐지 거절할 수 없어서 부탁받은 대로 하게 된다는 것이다. 그래서 자세히 이야기를 들어 보니, 그 부인은 타인의 잠재의식을 움직이는 훌륭한 심리 기술을 잘 사용하고 있었다.

　"쓰레기 좀 버려 줘."

　그 부인은 이런 식으로 단도직입적으로 명령하는 일은 거의 없었다. 일반적으로 이런 방식으로 명령하면 "지금은 귀찮은데"라든가 "쓰레기가 좀 더 쌓이면 버려도 되잖아"같이 핑계를 대며 거절하기 쉽다. 특히 통제받는 것을 별로 좋아하지 않는 남성이라면 온 힘을 다해 회피하게 되는 법이다. 이렇게 "(당신은) ~을 해 줘"라는 부탁 방법을 'YOU(당신) 메시지'라고 한다.

"(당신) 쓰레기 좀 버려 줘."
"(당신) 방 정리 좀 해!"
"(당신) 이 일을 ~까지 처리해 주세요."

이처럼 "(당신) ~해!"라는 화법은 강한 명령과 강제를 나타내게 되는데, 이런 방법으로 부탁하면 상대방은 금세 방어 태세에 들어가게 된다.

반면, 그 부인이 부탁할 때 항상 사용하는 방법은 다음과 같다.
"쓰레기를 좀 버려 주면 정말 좋겠는데?"
이 문장을 분석하면 I 메시지를 쓰는데다 질문형이다. 이것이 바로 상대방의 잠재의식을 움직이는 화법이다.
"쓰레기를 버려 주면 (내가) 정말 좋겠는데?"라는, 주어가 '나'인 전달법이기 때문에 이것을 'I(나) 메시지'라고 한다. 명령형이 아니라 자신의 느낌을 전달하는 것이다. 이렇게 돌려 말하면 '내가 정말 좋겠다'라는 자신의 느낌을 말하고 있을 뿐이므로 명령이나 강제라는 느낌이 크게 들지 않는다. 따라서 상대방은 자신이 재촉당하고 있다는 느낌이 없기 때문에 부탁을 더 쉽게 받아들이게 된다.

또한 말을 마칠 때 질문을 던지는 형식을 취하기 때문에 남편의 입장에서는 부인의 말을 부정할 요소가 없다. 그러면 대답은 하나밖에 없다.

"아, 그래? 그럼 버리고 올게."

이렇게 대답하는 것이 자연스럽기 때문에 결국 남편은 쓰레기를 버리러 가게 될 수밖에 없는 것이다.

이처럼 말하기로 성공하는 사람은 주변 사람들을 자신의 뜻에 맞게 잘 움직이는 사람이라고 할 수 있다. 얼핏 보면 그저 자신의 느낌을 말하는 듯 보이지만, 상대방의 잠재의식에 부탁의 메시지가 새겨져 행동으로 옮기고 싶어지게 되는 것이다. 이렇게 명령이나 강제가 느껴지지 않도록 부탁하는 것이 말하기로 성공하는 이들의 비결이다.

"~해 주면 정말 기쁠 것 같은데."

"~해 주면 정말 도움이 될 것 같아."

"~하면 난감한데."

"~하면 걱정돼."

"~하면 힘들어."

말하기로 성공하고 싶다면 위와 같이 'I 메시지'를 반드시 습관으로 삼자.

> **말하기로 성공하는 사람은**
> 명령이나 강제가 느껴지지 않도록 부탁한다!

: 5장 :

직장에서 잘나가는
'말하기'

27

**성공하는 사람은
잡담을 하고,**

—

**실패하는 사람은
꼭 필요한 말만 한다**

'불필요한 잡담 금지'라는 방침이 있는 회사들도 있는 모양이지만, 오히려 성공하는 사람일수록 잡담의 중요성을 잘 안다.

내가 직장 생활을 하며 존경하던 상사가 몇 명 있는데, 그들 역시 공통적으로 부하 직원에게 말을 많이 걸었다. "좋은 아침! 무슨 일 있어? 오늘은 표정에 의욕이 넘치는구먼!"이라는 식으로 긍정적인 기분을 심어 주는 한마디로 하루를 시작했다.

또 업무 사이사이에 하잘것없는 이야기를 하는 시간이 꽤 많았다. 날씨 이야기, 뉴스 이야기, 스포츠 이야기 등 오히려 일 이야기보다도 그 외의 이야기가 더 많았던 것 같다. 처음에는 본인이 수

다를 좋아해서 특별한 의도 없이 그렇게 하는 것이라고 생각했는데, 나중에야 내가 틀렸음이 판명되었다. 내가 승진해서 지점장이 된 직후 나는 선배들에게서 다음과 같은 조언을 들었다.

"마쓰하시, 아침에는 출근한 직원들의 얼굴을 제대로 보고 컨디션을 파악해. 그리고 뭐라도 좋으니까 일부러 말을 좀 시켜."
"틈을 봐서 모든 직원과 잡담을 해. 직원들에게 말을 걸지 않으면 점점 멀어진다고."

그렇다. 단순한 수다인 줄 알았는데 그들은 전략적으로 부하 직원들을 파악하기 위해서 수다스러운 행동을 했던 것이다.

어느 심리학 조사에 따르면 인간관계에서 중요한 것은 한 번에 접촉하는 시간의 길이보다 접촉하는 횟수라고 한다. 가령 클라이언트와의 미팅이라면 한 번에 60분의 미팅보다 20분씩 세 번의 미팅이 효과적이라는 뜻이다. 마찬가지로 직장에서 커뮤니케이션을 할 때도 부하 직원을 회의실로 불러 30분을 면담하기보다 3분간의 대화를 열 번 나누는 것이 친밀한 인간관계로 이어진다.

"휴식시간이 괴로워요. 일 외의 이야기를 잘 못해서"라는 한 상담자의 사연을 듣고 내가 집필한 책이 『당연하면서도 실천하기 어려운 잡담의 규칙』인데, 그중에서 소개하고 싶은 부분이 '잡담이란 타인과의 연결을 확인하는 작업'이라는 장이다.

인간은 일 이야기만으로는 서로 간의 연결을 느낄 수 없다. 잡담이 없는 관계는 연결고리가 약해지고 만다. 잡담이 없는 회사는 사원들의 마음을 충족시키지 못하고 분위기가 딱딱하다. 잡담을 할 수 없는 직장에 있는 사람일수록 고독을 느끼기도 쉽다.

잡담을 하지 않는 사람은 다음과 같은 메시지를 전달하고 있는 것이다.

'당신과는 업무상의 관계에 머물고 싶습니다. 다시 말해 당신과는 친해지고 싶지 않습니다.'

유능한 상사일수록 이 사실을 알기에 열심히 잡담을 하는 것이다. 특히 일에서 엄격한 상사일수록 그것을 보완하는 의미를 담아 잡담으로 친밀한 인간관계를 형성해야 한다.

부하의 입장에서도 잡담의 시간은 자신의 아이디어를 제안할 기회이기도 하다. 그 시간은 회의 등의 공식적인 발언과 달리 가벼운 마음으로 말할 수 있고, 상사의 본심도 더 쉽게 알 수 있기 때문에 귀중한 시간이다.

고객과의 관계도 마찬가지다.

말하기로 성공하는 사람은 갑자기 본론으로 들어가지 않는다. 충분한 잡담으로 현관문을 열고, 거실까지 들어간 뒤에야 본론을 말하기 시작한다. 그러나 말하기에서 실패하는 사람은 고객의 마음의 문을 열려 노력하지 않는다. 마치 집 안에 있는 사람에게 길에서 말을 거는 것과 같이 이야기할 뿐이다.

이처럼 잡담을 적극적으로 활용하면 직장의 인간관계도 달라지고 고객과의 관계도 달라진다.

말하기로 성공하는 사람은
평소부터 소소한 커뮤니케이션을 축적한다!

28

**성공하는 사람은
상대방의 자존심을 존중하고,**

**실패하는 사람은
대놓고 부정한다**

당신도 이런 경험을 해 본 적이 있는가?

"과장님. 이럴 때는 이렇게 대응하면 좋을 것 같은데 어떻습니까?"

"자네 잘 모르는군. 그러면 안 되지. 안 되는 이유에는 ○○와 △△가 있어. 알겠어?"

"네…… 그러면 어떻게 해야 할까요?"

"직접 생각해!"

나 역시 내가 의견을 낼 때마다 사사건건 반대하던 상사가 있었다. 그것도 실컷 반대해 놓고, 시간이 좀 지나면 슬쩍 내 제안을 채택하던.

　'맙소사! 그렇게 반대해 놓고 결국은 자기 의견처럼 말하잖아!'

　깜짝 놀란 적도 많았다. 나도 내 지식에 대한 자신감 때문에 상사의 자존심을 세워 주며 이야기하는 배려가 부족했는지도 모르겠지만, 어쨌든 기분이 좋을 리가 없었다.

　이렇듯 의견에 일일이 반대하는 상사에게는 '부하 직원의 의견을 받아들이는 것은 곧 패배'라는 심리가 도사리고 있는데, 이런 사람은 기본적으로 지기 싫어하는 마음이 강하다. 속으로는 '좋은 의견이네'라고 생각해도 부하에 대한 경쟁 심리에 결코 찬성하지 않는 것이다.

　물론 지기 싫어하는 성격이 꼭 나쁘다는 뜻은 아니다. 실제로 성과를 올리는 사람들 중에는 승부욕이 강한 사람들이 아주 많다. 승부욕이 강하기에 남들보다 뛰어난 성과를 올리고, 다른 사람을 거느리는 위치에 올라가는 것이다. 그들은 책임감이 강하고 보스 기질을 보인다.

　그러나 단순히 어린아이처럼 지기 싫어하는 경우라면 주변에 악영향을 미칠 뿐이다. 이런 이들은 반대하지 않고는 타인의 이야기를 듣지 못한다. 부하 직원의 의견을 받아들인다는 것은 곧 자신이 부하 직원보다 아래가 된다는 뜻이라는 잘못된 위기감을 가지기 때문이다. 그래서 더욱더 '나는 내 부하와는 달라서 유능해!'라고 과시하려 노력할 뿐이다.

이렇게 허세를 부리다 보니 결국 그들 주변에는 예스맨밖에 남지 않는다. 의견을 말해도 하나하나 반론당할 것을 알기에, 직접 아이디어를 낼 창조성을 갖춘 유능한 부하 직원들이 주위에 남지 않게 되는 것이다. 계속 반대하는 상사의 입장에서 부하 직원들은 자신의 뛰어남을 확인하기 위한 존재일 뿐이다. 권력을 손에 넣음으로써 어릴 때 칭찬받지 못했던 보상심리를 뒤늦게 충족하고 있다고 할 수도 있다.

반면, 말하기로 성공하는 사람은 상사의 이런 심리를 이해하고 적절하게 대응한다. 그들은 상사의 어린아이 같은 부분에 파장을 맞추지 않고, 무의미한 토론을 피한다. 앞에서 이야기한 과장 같은 경우라면 다음과 같이 대처할 수 있다.

"잘 모르는군. 그러면 안 되지. 안 되는 이유에는 ○○와 △△가 있어. 알겠어?"

"그렇군요. ○○라는 이유가 있군요."

"그래. 그래서 안 되는 거야."

"역시 과장님이십니다! 거기까지는 생각하지 못했어요."

"오, 그랬군. 뭐, 자네 아이디어도 나쁘기만 한 건 아니지만."

"고맙습니다. 안 되는 이유는 알겠는데, 그러면 이렇게 해 보면 어떨까요? 그렇게 하면 제 아이디어에도 실현 가능성이 있을까요?"

이처럼 상대방과의 승부에 말려들지 않고 상대방의 말을 있는 그대로 따라 하는 것이다. 더해서 상대방을 치켜세워 주는 일을 잊지 않으면 꽉 막혔던 대화의 돌파구가 자연스럽게 열릴 가능성이 높다.

반론을 받아들이고, 반박하는 대신 칭찬하고, 자신의 의견을 천천히 설명하기. 내 의견에 사사건건 반대만 하는 상사가 있다면, 이런 어른스러운 대응 능력을 기르는 기회로 활용해 보자.

말하기로 성공하는 사람은
상대방의 자존심을 존중한다!

29

**성공하는 사람은
주위에 감사하고,**

—

**실패하는 사람은
질투 받을 말을 한다**

영업 실적 1위로 표창을 받으며 강연할 기회가 생긴다면, 당신은 어떤 말을 할 것인가?

영업사원 시절 처음으로 1위를 기록했을 때, 많은 사람들이 내게 다가와 여러 이야기를 했다. 그중에는 순수한 선망의 감탄도 있었지만, '더 높은 목표를 세워라'라는 압박이나 빈정거림도 아주 많았다. 특히 동료들의 시샘은 굉장했다.

거기에는 이유가 있었는데, 표창을 받을 때의 내 언행이 원인이었다. 좋은 평가를 받는 것이 처음이어서 들떴던 탓도 있는데, 성공 경험을 희희낙락 늘어놓고 내 능력을 과시하고 말았던 것이다. 그런 자리에서는 겸손한 자세로 주위 사람들에게 감사하는 것이 중요한데 말이다.

여담이지만 나는 표창을 받은 후 큰 슬럼프에 빠져 한동안 좋은 실적을 전혀 올리지 못했다. 내 능력을 과시한 것과 정반대의 결과가 되고 만 것이다.

겸손함은 일본에서만 중요하게 생각하는 덕목이 아니다. 아카데미 시상식의 수상 연설에서도 '제 능력뿐만이 아니라 모든 사람들의 덕분입니다'라고 겸허하게 소감을 발표하는 것이 정석이다. 전 세계에서 공통적으로, 주목을 받는 사람들이나 성공한 사람들은 '질투'라는 감정을 가장 두려워하기 때문이다.

실제로 성공하는 사람은 질투를 피하기 위해 주위 사람들을 배려하며 이야기하려 노력한다. 반대로 남들의 방해로 실패하는 사람은 자신을 과시함으로써 자기 목을 조르는 경우가 많다. 물론 그렇다고 해서 표면적으로 '여러분 덕분에'라고 입 발린 소리만 늘어놓으면 된다는 뜻은 아니다.

한편 당신이 남의 성공을 부러워하고 질투하는 일이 있을지도 모른다.

'질투나 시기는 아주 나쁩니다. 하지 맙시다.'

이렇게 말하는 책들이 아주 많다. 또 '질투하는 나 자신이 싫어진다'라고 스스로를 책망하는 사람도 많다. 그러나 동료가 높은 실적을 올리고, 상사에게 좋은 평가를 받고, 나보다 빨리 승진하면 질투를 느끼는 것은 당연하다. 질투란 원래 내가 가질 수 있었던 것을 경쟁자에게 뺏겼을 때 느끼는 분노의 감정이다. 이 분노를 느끼지 말라는 것은 무리한 이야기다.

이럴 때 하기 쉬운 행동이 경쟁자에 대한 험담이다. 이처럼 상대방을 깎아내려 자신의 자리를 지키고 싶은 마음을 '끌어내리기 심리'라고 하는데, 이런 행동은 자신의 성장을 포기하는 어리석은 짓일 뿐이다.

질투를 느낄 때는 그것을 오히려 성장의 기회로 삼아야 한다.

우선은 "승진해 봤자 일이 힘들어질 뿐이야", "연봉이 올라 봤자 얼마인지 빤하지"와 같은 말로 패배를 인정하지 않으려는 내 감정을 깊이 들여다보자. 그리고 '내 경쟁자가 가진 것을, 이렇게 감정이 흔들릴 만큼 나 자신도 원했던 거'라는 사실을 있는 그대로 받아들이자.

자신의 감정을 파악했다면 다음은 그 감정을 동기 부여의 원동력으로 삼는 것이다. 경쟁자와 자신의 차이를 관찰하고 자신을 개선할 기회로 삼으면 커다란 성장으로 이어질 수 있다.

성공하는 사람은 자신의 부족한 점을 배우고 채우는 기회를 놓치지 않고 스스로를 개선한다.

말하기로 성공하는 사람은
타인을 높이고 질투를 성장으로 바꾼다!

30

성공하는 사람은 침묵하고,

—

실패하는 사람은 쉽게 떠든다

상대방의 생각과 바람을 있는 그대로 들을 수 있다면, 인간의 소통은 얼마나 원활해질까? 속내를 거침없이 말하는 사람들만 상대한다면야 머리 아플 일이 없다. 그러나 입이 무거운 사람, 말수가 아주 적은 사람이라면 속마음을 알기가 힘들다. 게다가 당신을 신경 쓰고 있거나 이해관계가 얽혀 있는 사람이라면 쉽게 속마음을 밝히지 않을 것이다.

그래도 상대방이 속내를 털어놓게 하는 비결이 있는데, 방법은 다음과 같다.

① 질문한다.

② 상대방이 대답하면 불필요한 말을 덧붙이지 않고 그 대답을 그대로 따라 한다.

③ 침묵하며 상대방을 바라본다.

④ 5초가 넘어도 상대방이 입을 열지 않으면 다음 질문으로 넘어간다.

여기서 포인트는 '상대방의 대답을 따라 한 후 침묵한다. 그리고 기다린다'이다. 이 노하우가 상대방의 말문을 여는 일급 노하우다. 아무리 입이 무거운 사람이라도 이쪽이 침묵하면 속마음을 줄줄 이야기하게 되는 법이다. 이 멋진 비결이 글로는 잘 전달되지 않는 것이 정말로 아쉽다.

나는 30대 초반에 고급 청소기 영업을 했다. 그때 사내 트레이너로서 1년 동안 사원과 동행해서 영업을 지도한 적이 있는데, 어느 날 한 지점에서 연락이 왔다.

"입사한 지 3개월 된 신입사원이 실적을 올리지 못해서 고생하고 있습니다. 평소에 이야기해 보면 화제도 풍부하고 말도 재미있게 해서 커뮤니케이션 능력은 높다고 생각합니다. 동행 지도를 부탁드립니다."

나는 며칠 뒤 아침에 신입사원과 함께 차를 타고 고객의 집을 찾았다. 문제의 사원은 신입이었지만 나보다 연상인 40세였다. 여러 경험이 있는 만큼 차안에서 대화할 때도 확실히 화제가 풍부했다. 나는 '다소 말이 많은 경향은 있지만, 이런 사람이 왜 실적을 못 올릴까?' 의아하게 생각하면서 고객의 집에 들어가 뒤에서 그의 행동을 관찰했다. 고객은 사람 좋아 보이는 60대 노부부였다. 사원은 항상 하는 질문부터 시작했다.

신입사원: 고객님, 지금 어떤 청소기를 쓰고 계신가요?

고객: 음, 글쎄, 뭐였지……. (신입사원이 끼어든다)

신입사원: 어느 회사 건가요?

고객: 음, 어디 거였더라, 도시……. (신입사원이 끼어든다)

신입사원: 도시바요?

고객: 뭐, 그거 같네요.

신입사원: 배기구에서 냄새가 나죠?

고객: 으음, 뭐, 냄새가 난다고 하면……. (뭔가 말하려는데 신입사원이 끼어든다)

신입사원: 배기구에서 냄새가 나는 건 미세한 먼지가 뿜어져 나오기 때문입니다.

내가 보니 신입사원에게는 '침묵 공포증'이 있었다. 그는 질문한 뒤 2초 이상 침묵, 틈이 있으면 자문자답을 해 버리거나 다른 질문으로 넘어가 버렸다. 고객은 "네"라는 대답밖에 하지 못하는 상태가 됐다. "네"라는 대답만을 끌어내는 유도형 영업을 했던 것이다. 결국 최소한의 대화밖에 하지 않는 관계가 형성되니 영업은 그대로 싱겁게 끝나고 말 수밖에 없었다.

영업사원을 대할 때 고객은 긴장한 상태가 된다. 그 경계심을 풀고 술술 말을 토해 내도록 만들 수 있어야만 고객의 마음을 움직일 수 있다.

그러기 위해서 중요한 것이 말할 시간을 주는 것이다. 그 시간을 낳는 것이 '침묵'이다. 꼭 영업이 아니더라도 상대방이 경계할 때는 침묵을 잘 활용해서 상대방의 입을 열어야 한다. 이것이 소통의 달인들이 쓰는 기술이다.

> **말하기로 성공하는 사람은**
> 상대방에게 말할 시간을 준다!

31

성공하는 사람은
신중하게 이야기하고,

실패하는 사람은
그저 신나서 이야기한다

영업사원들은 외울 것이 많은 복잡한 상품이라도 대개 한 달이 지나면 유창하게 설명할 수 있게 된다. 그런데 사실은 여기서 불행이 시작된다.

영업을 갓 시작할 때는 영업 내용을 고객에게 확실히 설명할 수 있도록 연습하는 일이 필수다. 나도 선배나 상사를 상대로 연습하는 것이 하루 일과였고, 노력한 보람이 있었는지 술술 말을 할 수 있게 되었다. 그러나 오를 줄 알았던 실적은 늘 제자리였다. 상사는 "의욕이 없기 때문이야", "정신을 바짝 안 차려서 그래"라고 말할 뿐이었다.

이런 비극을 겪는 영업사원이 분명 많을 텐데, 그 원인이 오히려 영업 내용을 암기해서 유창하게 말하게 된 데에 있다면, 기분이 어떨까? 왜 그럴까?

말을 잘하게 되면 일방적으로 말하는 분량이 늘어나게 된다. 말을 잘 못하면 자신이 말할 내용이 적기 때문에 고객의 이야기를 귀 기울여 듣는데, 말하기에 익숙해지면 자신만만하게 영업 이야기를 따발총처럼 쏘아대는 것이다. 그러면 자연스레 고객의 이야기가 귀에 들어오지 않게 된다.

중요한 부분이므로 다시 한 번 말하겠다. 영업 내용을 말하는데 정신이 팔리면, 일방적으로 떠들게 되어 정작 고객의 이야기에는 귀 기울이지 않게 된다.

이런 영업사원들은 잡담을 거의 하지 않고 영업을 진행하기 위해 질문 공세와 설명 공세를 시작한다. 더 익숙해지면 고객이 질문하거나 뭔가 말을 꺼낼 때 곧바로 이야기를 가로채 버린다. 고객의 말이 끝나지도 않았는데 끼어들어서 주절주절 말하는 것이 당연해진다. 그러면 어떻게 될지는 불 보듯 뻔하다. 말재주가 늘수록 실적이 떨어지는 영업사원이 되는 것이다.

특히 지식과 이론을 좋아하는 남성일수록 이런 식의 대화법을 주의해야 한다. 실제로 많은 이들이 풍부한 지식과 정보가 자신을 멋있게 만들어 준다고 생각한다. 지식을 많이 쌓고 말을 잘하게 되면 남들이 더 우러러볼 것이라고 생각하기 때문에 열심히 공부해서 지식이 점점 더 풍부해진다.

그러나 이런 유형은 상대방의 관심사는 확인하지 않고 스스로 자신 있는 분야에 대해서만 이야기하는 우를 범할 가능성이 높다. 가령 데이트에서도 이론을 어필하기 바쁘다. 커뮤니케이션 능력이 뛰어난 여성이라면 "대단하네요!", "아는 게 많네요!"라고 말하며 분위기에 맞춰 줄지도 모른다. 그래서 점점 더 신나서 이야기하며 데이트가 잘 돼 가고 있다고 착각하기 쉽다. 그러나 다음 데이트 신청을 하려고 문자나 톡을 보내면 어떻게 될까?

"부모님이 몸이 안 좋으셔서 빨리 집에 가야 해요."

"일이 바빠서 시간이 없네요."

이처럼 갑자기 상대방 여성의 가족이 병에 걸리거나, 차 한 잔도 못 할 만큼 일이 바빠진다. 조심하도록 하자.

> **말하기로 성공하는 사람은**
> 지식을 과시하지 않는다!

32

**성공하는 사람은
좌절도 느끼고,**

——

**실패하는 사람은
좌절을 회피한다**

"남 앞에서 말을 잘 못하겠어요. 요전에도 서른 명 앞에서 발표할 기회가 있었는데 완전히 망쳐 버렸어요. 어떻게 하면 말을 잘할 수 있을까요?"

이런 상담을 받을 때면, 나는 이렇게 반문한다.

"리허설은 몇 번 했나요?"

"어, 한 번 했어요."

"한 번밖에 안 했나요?"

"네."

"녹화해서 점검했나요?"

"그렇게까지는 안 했어요."

"그러면 이야기할 내용을 처음부터 끝까지 소리 내어 말하며 리허설을 한 적은 있나요?"

"아뇨, 안 했어요."

"대본을 제대로 만들었나요?"

"네, 파워포인트로 준비했어요."

"무슨 이야기를 할지 결정해서 대본을 만들었나요?"

"아뇨, 그렇게까지는 안 했어요."

이렇게 거의 준비도 하지 않고서 "잘 안 돼서 고민이에요"라고 말하는 이들을 볼 때면 깜짝 놀랄 수밖에 없다.

말을 술술 잘하는 사람들을 보면 '천재구나'라는 생각이 들 수 있다. 그들을 보면 말하는 연습 따위는 전혀 하지 않는 것처럼 보이기도 한다. 그러나 다른 사람들을 끌어당기고 강한 인상을 남기는 이야기는 의외로 몇 번이고 갈고닦은 연습끝에 나오는 경우가 많다.

세미나나 강연 등에서 강사가 아주 재미있는 이야기를 해서 관객들이 박장대소를 하고 있는데, 옆에 있는 비서나 스태프는 별다른 반응을 하지 않는 경우를 볼 수 있다. 왜일까? 같이 일하는 그들은 이미 여러 번 들어서 익숙해졌기 때문이다.

나 자신도 처음 만나는 사람들에게는 매번 똑같은 자기소개를 하고, 다소 이야기가 길어지면 좋은 리액션이 기대되는 화제를 익숙하게 꺼낸다. 강연 등 많은 사람들 앞에서 말할 때는 몇 번이고 해서 갈고닦은 이야기들을 조합해서 써먹는다. 같은 콘텐츠를 오랫동안 활용하면 그만큼 완성도가 높아지는 법이다. 영업사원 시절에는 똑같은 말을 몇 백 번, 몇 천 번이고 했기에 말에 대한 감성이 연마되었다. 어떤 말을 하면 반응이 좋을지, 상대방의 마음에 닿을지, 감각적으로 알게 되는 것이다.

그 유명한 스티브 잡스조차 신제품을 발표할 때는 대사는 물론 음악과 조명 등까지 완벽히 준비된 대본을 만들었다. 그리고 발표와 똑같은 무대에서 몇 번이고 연습을 했다고 한다. 세계를 석권한 애플의 여러 상품들은 뛰어난 상품력뿐만이 아니라, 잡스의 프레젠테이션 덕분이라는 말이 괜히 나오는 것이 아니다. 이처럼 말하기에 능숙해지기 위해서는 그만큼 연습량이 중요하다.

또 연습할 때는 반드시 녹화해서 점검하자.

거울 앞에서 연습하는 것도 좋지만, 자신의 이야기에 집중하게 되면 객관적으로 보기 어려워진다. 그래서 녹화를 활용하는 것이 좋다.

솔직히 말하면 나도 내가 말하는 영상을 볼 때는 아주 괴롭다. 말을 잘하는 사람들의 이미지가 머릿속에 있는데, 그 이미지와 내가 너무 멀리 떨어져 있는 것 같아 나 자신이 싫어지기도 한다. 그래도 꾸준히 비디오로 촬영하면서 확실하게 좌절한다. 왜냐하면 거기에서 커다란 성장이 시작되기 때문이다.

말하기로 성공하는 사람은
말하는 연습을 몇 번이고 반복한다!

33

**성공하는 사람은
준비 만반,**

—

**실패하는 사람은
되는 대로**

한번은 경력이 20년 이상 된 아나운서에게 세미나 사회를 부탁하면서 아나운서의 대본을 엿볼 기회가 있었는데, 특별히 어렵지 않은 대사인데도 대본에는 메모가 빼곡하게 되어 있었다. 어디서 끊을지, 어디서 강조할지, 꼼꼼히 준비한 것이다.

궁금해 물어 보니 그 아나운서는 반드시 소리 내서 미리 대본을 읽어 본다고 했다. 20년 이상 수많은 사회를 맡아 본 프로라면 처음 본 대본도 술술 읽을 수 있을 텐데, 그럼에도 '소리 내서 읽는' 리허설을 멈추지 않는 것이다. 거기서 나는 프로의 마음가짐을 배울 수 있었다.

- 어디서 끊을까?
- 어디를 강조할까?
- 어느 정도의 속도로 말할까?

당신이 여러 사람 앞에서 발표를 해야 한다면, 미리 대본을 준비하고, 대사를 읽으면서 위의 사항들을 메모한 후 실전에 임하자.

또 하나 그 아나운서는 '사람들 앞에서 말하기 전에 발성 연습을 꼭 해야 한다'고 강조하며, 자신은 오전 중에 일이 있으면 최소한 세 시간 전에는 일어난다고 했다. 그보다 늦게 일어나면 몸의 컨디션이 완전히 살아나지 않은 상태에서 말하게 되기 때문이다. 그리고 또렷하게 발성할 수 있도록 얼굴 근육과 입 주위 근육을 풀어 주는데, 얼굴 근육이 굳어 있으면 미소가 딱딱해져서 청중들에게 긴장감을 주기 때문이라고 했다.

나 역시 여러 사람들 앞에서 말을 해야 하는 날 아침에는 욕조 안에서 유명 아나운서이자 스피치 강사로도 알려진 쿠라시마 마호 선생님에게 배운 방법을 반드시 실시한다. 일단 욕조에 몸을 담그고 준비 운동을 하는데, 목과 몸을 울려 '우~' 하는 소리를 내는 '허밍법'을 활용하는 것이다. 이렇게 하면 복식호흡 연습도 되기 때문에 가능한 한 오래 소리를 내려 노력하는데, 20초 이상 하는 것이 좋다.

그다음에는 일반적인 발성 연습을 한다. "아야어여오요우유으이"라고 발음을 하거나 자신에 맞는 발성 연습을 한 후, 그날 잘 발음되지 않는 부분을 집중적으로 반복한다. 그리고 입을 크게 벌려 소리 하나하나를 발성하며 몸 전체가 울리도록 소리를 낸다. 내 경우는 ㅅ, ㅌ, ㅁ이 잘 발음되지 않는 경우가 많아서 그 부분들을 몇 번이고 반복하는 일이 흔하다.

우리는 대부분 평범한 생활을 반복하기 때문에 여러 사람 앞에서 큰 목소리로 말할 기회가 별로 없다. 그런 상태에서 갑자기 많은 사람들에게 고루 전달되는 큰 목소리를 내려고 하면, 금방 목이 쉬어서 아주 듣기 괴로워진다. 준비 운동 없이 갑자기 사람들 앞에서 말하려고 하면 잘 안 되는 것이 당연하다.

이때 미리 발성 연습을 하거나 목을 열고 몸을 울리는 발성을 준비한 뒤 사람들 앞에서 말하면, 보다 뛰어난 화자가 될 수 있을 것이다.

＼ **말하기로 성공하는 사람은**
／ 매끄럽게 말할 수 있도록 원고에 메모한다!

34

성공하는 사람은
남 앞에서 긴장하고,
———
실패하는 사람은
긴장하지 않는다

"남 앞에만 서면 자꾸 긴장이 돼요"라고 말하는 사람들이 주위에 무척 많은데, 긴장은 사실 아주 좋은 것이다. 오히려 전혀 긴장감 없이 편안한 상태에서는 능력을 100퍼센트 발휘할 수 없다. 다소 긴장을 해야 능력을 충분히 발휘하고, 능력 이상의 성과를 낼 수도 있는 것이다.

실제로 올림픽 같은 큰 무대에서 유독 자신의 최고 기록을 경신하는 선수들이 있는데, 그들은 전혀 긴장하지 않기 때문에 좋은 성적을 내는 것일까? 아니다. 그들 역시 큰 무대에 많이 긴장하는 것은 다른 선수들과 마찬가지다. 그러나 그 긴장을 잘 살려 평소 이상의 성과를 내는 것이다. 여기서는 긴장을 힘으로 바꾸는 방법을 알아보자.

① 심호흡을 한다

남들 앞에 나서기 전에는 우선 심호흡을 하는 것이 좋다. 심호흡에는 요령이 있다. 복식호흡으로 심호흡을 하는 것이다. 먼저 코로 숨을 들이쉬며 배를 부풀린다. 4초간 들이쉬고 4초간 숨을 멈춘다. 그리고 12초에 걸쳐 천천히 입으로 숨을 내쉰다. 처음에는 어색하겠지만 익숙해지면 숨을 내쉬는 시간을 20초 이상으로 늘리며 연습을 한다.

이렇게 천천히 숨을 내쉬면 뇌에서 집중력을 높이는 알파파가 더 잘 나온다. 천천히 숨을 내쉴 때는 온몸이 이완되지만, 반대로 숨을 들이쉴 때는 온몸의 근육에 힘이 들어간다. 이것을 반복하면 몸이 이완되고 집중력이 높아져서 최고의 실력을 발휘하기 쉬워진다.

② 천천히 움직인다

남들 앞에서 몸을 빨리 움직일 때 실수가 잦아지는 법이다. 마찬가지로 성급하게 빨리 움직이면 말도 빨라지기 쉽다. 말이 빨라지면 청중이 알아듣지 못한다. 또 생각을 정리하며 말할 수 없기 때문에, 말하는 도중 자신이 원래 무슨 말을 하려던 것인지 모르게 되는 경우도 있다.

그리고 빨리 움직이면 호흡이 흐트러져서 점점 더 긴장하게 된다. 이때 의식적으로 천천히 움직이면 호흡에 여유가 생긴다. 호흡에 여유가 생기면 긴장도 점점 누그러진다.

③ 천천히 모든 청중을 바라본다

남들 앞에서 말하는 일이 익숙한 사람과 익숙하지 않은 사람의 가장 큰 차이는 '눈 맞추기'이다. 이는 스피치 교실에서 반드시 연습하는 항목이기도 한데, 눈 맞추기를 할 줄 알게 되면 상당히 상급자라고 할 수 있다.

그런데 청중과 눈을 맞춰야 한다고 말하면 한곳에만 치우쳐 시선을 보내는 사람들이 많은데, 그렇게 하면 소외된 느낌을 받는 청중이 생길 수밖에 없다. 그러므로 모든 청중과 눈을 맞추는 노력이 필요하다.

이때 구체적인 방법 중 가장 유명한 것이 '지그재그법'이다. 예를 들어 의자가 한 줄에 열 개씩 있고 줄은 총 다섯 줄이라고 가정해 보자. 그러면 가장 처음에는 마지막 다섯째 줄의 맨 왼쪽 사람과 눈을 맞춘 뒤, 천천히 같은 다섯째 줄의 가장 오른쪽 사람으로 시선을 이동하는 것이다. 다음은 넷째 줄의 가장 왼쪽에 있는 사람으로 시선을 옮기고, 거기서 천천히 같은 넷째 줄의 맨 오른쪽 사람으로 이동하면 된다. 이렇게 마지막 줄부터 지그재그로 시선을 천천히 옮기며 모든 사람과 눈을 맞추는 것이다.

긴장은 성과를 높이는 아군이니만큼 친해져서 잘 활용하도록 노력하자.

말하기로 성공하는 사람은
긴장을 힘으로 바꾼다!

: 6장 :

커뮤니케이션이 원활해지는
'마음가짐'

35

성공하는 사람은
긴장을 받아들이고,

실패하는 사람은
긴장하지 않은 척한다

"상사와 단둘이 있으면 어색해요."

"일 이야기를 할 때는 괜찮은데, 잡담을 하게 되면 몸이 뻣뻣하게 굳어 버려요."

이처럼 어려운 직장 상사나 처음 만나는 사람을 대할 때는 바짝 긴장해서 대화에 어려움을 겪는 사람이 많다.

긴장하지 않기 위해서는 우선 긴장의 정체를 정확히 알아볼 필요가 있다. '긴장'이란 스트레스와 불안으로부터 우리의 몸을 지키기 위해 뇌에서 호르몬 노르아드레날린이 분비되며 발생하는 일종의 방어 반응이라 할 수 있다. 다시 말해 긴장은 몸을 지키는 소중한 반응이라는 뜻이다. 그러므로 '긴장은 나쁜 것'이라고 일방적으로 결론 내려서는 안 된다. 실제로 수십 년째 활동 중인 유명한 가수와 뮤지션들도 무대에 서기 직전에는 여전히 매우 긴장하는 경우가 많다고 한다.

"무슨 말을 해야 할지 모르겠어요."

이렇게 긴장하는 경향이 자신에게 있다면 스스로에게 '무엇에 불안과 두려움을 느끼는가?'라는 질문을 던져 보자. 본인은 의식하지 못할 수도 있지만, '내가 상처받을지도 모른다'는 두려움의 감정이 경계의 심리로 이어져서 대화를 겁내게 되는 경우가 많다.

그리고 긴장해서 무슨 말을 하면 좋을지 모르게 되는 주된 이유 중 하나로 '과거의 경험에서 오는 영향'이 있다.

가령 친구가 아무렇지 않게 "별 시시한 이야기를 다 하네", "넌 재미가 없어"라는 말을 해서 상처받은 일이 있거나, 또는 "넌 가망 없는 인간이야", "그러니까 넌 안 되는 거야" 같은 인격 자체를 부정당한 적이 있는 것이다. 별생각 없이 말 한마디 했을 뿐인데 부모, 형, 언니 등의 손윗사람이 도끼눈을 뜨고 "야! 지금 뭐라고 했어!"라고 호통을 쳐서 크게 상처를 받은 경험이 있을 수도 있다. 이런 과거의 부정적인 경험이 뇌라는 고기능 컴퓨터의 OS에

입력되어 있으면, 대화를 하려 할 때 '또 거부당할지도 몰라'라는 두려움을 일으키는 것이다.

우리는 과거의 부정적인 경험에서 받은 마음의 상처는 대개 어른이 되면 사라진다고 생각한다. 그러나 제대로 치유되지 않은 상처에는 큰 영향력이 있다. 과거의 부정적인 경험은 현재에 영향을 미친다.

나는 스물다섯 살 때 참여한 한 세미나에서 서로 얼굴을 마주보는 실습을 한 적이 있다. 나는 당시 일급월급을 받는 파견 외판원이었다. 그런데 가난함이 고스란히 묻어나는 청바지에 헐렁한 티셔츠 차림의 나와 달리, 짝을 이루게 된 사람은 아주 비싸 보이는 쓰리피스 양복을 입고 있는, 사원을 수십 명이나 거느린 경영자였다. 사회적 격차가 큰 우리 두 사람은 어색한 얼굴로 함께 눈을 마주보는 실습을 했다.

그런데 잠시 시간이 흐르자 사장의 몸이 조금씩 떨리기 시작했다. 1초에 두 번 정도의 빠른 속도로 눈을 깜빡였다. 얼마나 긴장을 했는지 이마에 땀까지 배어 나오고 있었다.

'왜 이 사람은 고작 나 정도의 상대 앞에서 이렇게 긴장을 하지?'

'이 사람처럼 남을 두려워하게 되는 이유는 뭘까?'

나는 큰 궁금증을 가질 수밖에 없었다.

이런 현상이 일어나는 이유는 상대방이 있는 그대로의 자기 자신을 들여다보는 기분이 들거나, 심약한 본래의 자신을 남들이 모르기를 바라는 심리가 작용하기 때문이라고 한다. 자신을 부정하는 상태에서 '타인이 자신을 받아들여 주지 않을까 봐 두려운' 데에서 나오는 감정인 것이다.

가벼운 잡담을 하는 자리에서조차 무슨 말을 해야 좋을지 모르겠다고 느끼는 것도 똑같은 원리다. 단순히 화제가 생각 안 나는 게 아니라, 타인에 대한 두려움 때문에 무슨 말을 해야 좋을지 모르게 되는 것이다.

말하기로 성공하는 사람은 두려움을 정확히 인식하고 자기 자신을 수용한다. 긴장을 잘 활용하면 인생이 크게 달라질 것이다.

> **말하기로 성공하는 사람은**
> 긴장을 자연스럽게 받아들인다!

36

성공하는 사람은
단점을 장점으로 바꾸고,

———

실패하는 사람은
장점을 단점으로 바꾼다

커뮤니케이션 세미나나 컨설팅에 참여하면, 자신의 단점을 일일이 적어 보는 경우가 종종 있다.

- 행동력이 없다.
- 소극적이다.
- 사고방식이 부정적이다.
- 결심한 일을 계속하지 못한다.
- 고집이 세고 남들의 의견을 듣지 않는다.
- 앞뒤를 생각하지 않고 행동한다.

이와 같이 내가 지닌 단점이라고 느껴지는 부분을 줄줄 써 내려가다 보면 이상하게도 상반되는 항목들이 눈에 띄게 된다. 처음에 '행동력이 없다'라고 썼으면서 나중에는 '앞뒤를 생각하지 않고 행동한다'는 답변을 쓰고 있는 것이다. 이것은 무슨 뜻일까?

자신의 한 단면만을 보고 '나는 이런 사람이야'라고 스스로를 단정 짓는 사람들이 많지만, 사람은 서로 상반되는 여러 부분을 동시에 갖추고 있다는 뜻이다.

게다가 똑같은 요소라도 어떻게 표현하느냐에 따라 의미가 완전히 달라질 수 있다. 흔한 예로 컵에 물이 절반쯤 차 있을 때 '반밖에 없다'로 받아들이는 사람과 '반이나 있다'로 받아들이는 사람이 있다. 어떻게 받아들이느냐에 따라 그 뒤의 행동에 큰 차이가 생길 수밖에 없다.

비즈니스의 세계에서도 비슷한 예를 쉽게 찾아볼 수 있다. 신발 회사가 아프리카의 한 나라에서 시장조사를 시작했는데, 한 담당자는 회사에 이렇게 보고했다.

"이 나라는 아직 맨발인 사람들 천지이고 신발을 신는 습관이 없습니다. 그래서 신발이 팔리지 않을 것이라고 생각합니다. 진입하지 않는 편이 좋겠습니다."

다른 담당자는 완전히 반대되는 보고를 내놓았다.

"이 나라 사람들은 신발을 신는 습관이 없습니다. 그래서 신발을 판매할 기회가 무한합니다. 꼭 진입해야 합니다."

이렇게 같은 현상이라도 받아들이는 방식이 완전히 다를 수 있다. 따라서 한 면만을 보고 판단해서는 안 된다. 상황을 받아들이는 방법은 항상 두 가지 이상이기 때문이다.

자신의 성격도 마찬가지다.

단점이라고 느끼던 '행동력이 없다'는 부분은 '매사를 신중하게 지켜보는 능력이 있다'는 장점이 될 수 있다. '사고방식이 부정적이다'는 '리스크 관리가 확실하다'는 장점이 될 수도 있다. '딱딱하다' 또는 '재미없다'는 성격은 '성실하고 진지한 태도'로 바꿔 표현할 수 있다.

항상 사소한 일로 고민하는 사람은 기준이 높고, 스스로에게 엄격하고, 성장에 대한 의욕이 큰 사람이라고 생각할 수 있다. 쉽게 좌절감을 느끼는 사람은 언제나 개선을 위해 노력하는, 향상심이 아주 강한 성격일 수도 있다. '싫증을 잘 낸다'는 '호기심이 왕성하다'이며, '의지가 약하다'는 '유연하다'의 다른 표현일 수 있다.

자신의 성격 때문에 고민하고 있다면, 사실 그것은 자신의 장점이 될 수도 있는 부분임을 의식하자. 표현을 긍정적으로 바꾸면

풍요로운 인생을 살 수 있는 요소가 될 수 있다.

　말하기에서 실패하는 사람은 자신의 능력을 과소평가해서 굳이 자신의 능력을 축소하는 표현을 쓴다. 그러나 성공하는 사람은 자신의 부정적인 부분을 장점으로 바꾸어 받아들이기에 능력을 제대로 발휘할 수 있다.

> **말하기로 성공하는 사람은**
> 상황을 긍정적으로 받아들인다!

37

**성공하는 사람은
'사랑하고 싶다'고 생각하고,**

—

**실패하는 사람은
'사랑받고 싶다'고 생각한다**

'커뮤니케이션이 너무 힘들다.'

'인간관계를 쌓기가 너무 어렵다.'

나 역시 젊은 시절 이런 고민을 아주 오랫동안 품고 있었다. 그래서 개선을 위해 수많은 책을 읽었다. 화술 책을 사서 따라 해 보고, 심리학 관련 책들을 읽으며 해결의 실마리를 찾으려 노력했다. 덕분에 여러 가지를 배웠고, 그 결과로 고민을 극복할 수 있게 된 것 같다.

그렇기에 더욱 냉정하게 말할 수 있다. 커뮤니케이션에 서투른 사람들은 지나치게 자기중심적이다. 자기애가 너무 강하다는 뜻이다! 옛날의 나도 그랬다.

자기애가 강한 사람에게 '남들이 나를 좋아하지 않는 일', '사랑받지 못하는 일'은 무엇보다도 큰 공포다. 사랑받고 싶은데 마음대로 되지 않는 일이 벌어질수록 이들은 적극적으로 커뮤니케이션을 하지 않으려 한다. 그러면 당연히 커뮤니케이션이 잘 되지 않고, 점점 더 인간관계가 악화된다. 악순환에 빠지는 것이다.

이처럼 자기애가 강한 사람은 의식의 방향이 항상 자신만을 향한다. 어떻게 하면 남들이 나를 바라보고 상대하는지에만 에너지를 쏟는다. 그러나 타인이 나를 어떻게 대할지는 내가 통제할 수 있는 문제가 아니다. 즉, 거기에 에너지를 쏟는 것은 낭비일 뿐이다. 결국 소용없는 일을 계속하기 때문에 감정이 소모되고 마는 것이다.

반대로, 말하기로 성공하는 사람은 타인이 나를 좋아하거나 사랑하게 만들고 싶다는 마음이 아닌, 자신이 주체가 되어 할 수 있는 일에 에너지를 쏟는다. 정신적으로 진정하게 자립한 것이다. 이들은 타인에게 기대를 하고 그 반응에 일희일비하는 일이 얼마나 소용없는지 알고 있다. 자신의 행복을 타인에게 맡겨서는 안 된다는 것을 잘 알고 있는 것이다.

그렇다면 어떻게 해야 진정한 자립이 가능할까? 무엇보다도 '자기긍정감'을 높여야 한다. '나는 가치 있는 존재다', '인간으로서 소중하게 여겨지고 있다'는 느낌이 자기긍정감이다. 이런 자기긍정감에 '나는 무언가 할 수 있다', '나는 능력이 있다'라는 유능감을 결합한 것을 '자기중요감'이라고 한다.

자기 자신만 생각하게 되는 것은 자기긍정감이 낮기 때문이다.

'내가 원하는 것이 충족되지 못했어.'

이러한 생각이 있는 한 의식의 방향이 자신이 아닌 타인을 향하기는 어렵다. 반대로 자신이 원하는 것이 충족되면 자연스럽게 의식의 방향은 상대방을 향하게 된다.

연애가 안 된다, 타인이 좋아지지 않는다, 연애를 시작해도 오래 가지 않는다. 이러한 문제들의 원인은 모두 자신의 가치가 낮다는 느낌에 있다.

우리 주위를 둘러보면 '어떻게 저 정도밖에 안 되는 여자가 경제적으로 성공하고 성격도 저렇게 좋은 남자와 사귈까?'라고 동성들이 질투하는 여성이 있다. 한편으로는 '모델처럼 예쁜데다가 아주 가정적인데 왜 형편없는 남자들만 사귈까?'라는 말이 나오는 여성도 있다.

그러나 결국 우리는 자기 자신과 어울리는 상대와 사귀고 있는 것이다. 자기긍정감이 높은 사람은 그에 맞는 상대와 사귀게 되고, 자기긍정감이 낮은 사람은 연인이 좀처럼 생기지 않거나, 사귄다고 해도 형편없는 사람만 사귀게 된다는 뜻이다.

즉, 사랑받기 위해 노력하기보다 남을 사랑할 수 있도록 자기긍정감을 높이는 것이 중요하다.

말하기로 성공하는 사람은
자신에 대한 만족감이 있다!

38

성공하는 사람은
부정적으로 생각하고,

—

실패하는 사람은
긍정적으로 생각한다

성공하는 사람이 부정적으로 생각한다는 제목을 보고 실수가 아닌지 생각한 독자도 많을 것이다. 그러나 '긍정적인 사고방식은 실패한다'가 맞다.

나는 한때 자기계발 회사에서 교재 영업을 한 적이 있다. 당시 내가 팔던 교재에는 '좋지 않은 일이 있어도 매사를 긍정적으로 받아들이기. 배수진을 친 채 포기하지 않고 나아가기. 그것이 성공으로 가는 길'이라는 내용이 적혀 있었다.

물론 이런 긍정적 사고방식은 기본적으로는 어느 정도 효과가 있다. 그러나 긍정적인 사고에는 폐해도 분명히 존재한다. '긍정적으로 생각하자!'라고 결심해도 잠재의식이 부정적으로 움직일 경우에는 무리가 따르기 때문이다. 특히 일본인 중에는 낙천적으로 생각하는 유전자를 가지고 태어나는 사람이 5퍼센트 미만이라고 한다. 즉, 긍정적으로 생각하지 못하는 것은 어쩔 수 없는 일일 수도 있다는 것이다.

또한 관련 책을 읽는 등의 노력에도 불구하고 긍정적인 사고가 어려우면 점점 자기혐오에 빠질 가능성이 높다. 결국 새로운 긍정적 사고법을 찾아서 시도해도 여전히 긍정적인 사고를 할 수 없으면 더욱더 자기혐오에 빠지고 마는데, 실제로 이런 악순환에 빠져 "저는 도저히 긍정적인 사고가 안 돼요"라며 심리 상담을 받는 사람이 무척 많다.

부정적인 생각, 부정적인 반응을 억지로 의식에서 배제하려고 들면, 자기 자신이 싫어지는 이유가 늘어나고 만다. 오히려 자신의 부정적인 부분을 확실히 수용하는 일이 중요하다.

부정적인 반응은 사실 자기 자신을 보호하는 우리 몸의 시스템이다. 긍정적인 사고를 하면 일시적으로는 의욕이 생기겠지만, 시간이 지나면 마음에 균열이 일어나고 위화감이 새어나와 점점 더 괴로워질 가능성만 높아질 뿐이다.

그리고 또 하나의 폐해가 있다. 긍정적 사고를 신봉하는 사람은 타인의 아픔을 좀처럼 이해하기가 어렵다는 것이다. 따라서 남의 괴로움이나 슬픔에 공감하지 못해 마음에 상처를 주는 일이 많아진다. 사람은 자신의 약한 부분을 입 밖에 내어 말하고 상대방이 그것을 수용하면 마음이 치유되는 속성이 있는데, 긍정적 사고의 신봉자가 되면 부정적인 부분에 대한 이야기는 부정적으로밖에 들리지 않기 때문이다.

"그 사고방식을 바꿔야 돼."

"그렇게 부정적인 이야기만 해 봤자 현실은 달라지지 않아."

"더 긍정적으로 받아들여서 힘내!"

결국에는 이런 말을 하면서, 약한 모습을 보이는 사람을 용납하지 않을 뿐이다.

사람은 불평, 약한 소리, 남의 험담을 하면서 자신의 나약한 부분과 싸우는 것이다. 부정적인 말을 하는 자신이 싫다고 생각하면서도 그렇게 함으로써 다음 단계로 성장해 나가는 것이다.

따라서 좌절감을 느낄 때는 확실하게 좌절하는 편이 좋다. 바닥을 치고 나면 위로 올라갈 일밖에 없다는 말이 그래서 있는 것이다. 어중간하게 긍정적 사고를 해서 유야무야 덮어 버리면 정신건강에 훨씬 더 해롭다는 뜻이다.

물론 자기 자신의 내면에 존재하는 부정적인 부분은 누구라도 인정하고 싶지 않은 법이다. 그러나 자신의 나약함을 수용하는 사람일수록 타인의 나약함을 존중할 수 있다. 타인의 나약함을 받아들이는 것이 진정한 포용력이다. 진정한 포용력을 갖춘 사람이 말하기로 성공한다.

말하기로 성공하는 사람은
무리하게 강인해지려 하지 않는다!

39

성공하는 사람은
자신감이 있고,

실패하는 사람은
자신감이 없다

아무리 뛰어난 기술을 갖추고 사회적으로 성공해도 스스로에게 자신이 없는 사람이 많다는 놀라운 사실을 알고 있는가?

내 클라이언트 중에 '10억 엔의 자산을 쌓는 것이 꿈'이라고 말하던 사람이 있었다. 10억 엔이 생기면 자신감을 가질 수 있을 것 같고, 자기 자신을 인정할 수 있을 것이라고 그 고객은 항상 이야기했다. 그러나 실제로 자산이 10억 엔을 돌파했을 때, 그는 내게 이렇게 말했다.

"10억 엔으로는 아직 불안해서 30억 엔의 자산을 만들 때까지는 자신감을 가질 수 없습니다. 30억 엔을 만들면 진짜 자신감을 가질 수 있게 되고 행복해질 것 같아요. 지금은 이것도 부족하고 저것도 부족해요."

그가 만족한 시간은 아주 짧은 순간뿐이었다. 그는 곧바로 부족한 부분에 눈을 돌렸다. 이처럼 '나는 아직 많이 부족하다'라고 느끼는 사람이 우리 주위에 아주 많은데, 이런 생각을 버리지 않는 한 자신감 넘치는 사람은 될 수 없다. 그렇다면 이 '부족하다'는 느낌은 어디에서 오는 것일까?

아기는 '나는 나 스스로에게 자신이 없어'라고 생각하는 법이 없다. 자기 자신의 부족한 점에 침울해하지도 않는다. 다시 말해 사람은 성장 과정 중 어딘가에서 자신감을 잃는다는 뜻이다. 추측해 보면, 어릴 때 부모에 대해서 '지금의 내 모습으로는 사랑받지 못해. 더 착한 아이가 되면 사랑받을 거야'라는 오해를 하거나, 친구나 선생님에게 자신의 행동이나 말을 거부당한 경험이 자신감 상실의 원인일지도 모른다. 어쨌든 타인의 평가를 기준으로 삼게 되면, 자신의 부족한 부분만 눈에 들어오게 되는 것이다.

'자신감은 무언가를 달성한 미래에 주어지는 거야. 목표를 달성하면 자신감이 생길 거야.'

이렇게 생각하면 아무리 시간이 지나도 자신감은 생기지 않는다. 사실 '자신감'은 미래가 아니라 과거 속에 있기 때문이다. 지금까지 달성한 일들, 성장한 일들 속에 자신감의 씨앗이 숨어 있다는 뜻이다. 따라서 자신감의 씨앗을 키워 내기 위해서는 '셀프 토크'가 필요하다.

여기서 셀프 토크의 방법을 소개해 보겠다. 셀프 토크에서 중요한 것은 '긍정적', '일시적', '확정적'인 마음가짐이다.

① 긍정적

무언가 하려고 할 때 '안 될지도 몰라'라고 생각하면, 정말로 안 될 확률이 높아질 뿐이다. 항상 긍정적으로 기대해야 좋은 결과를 이끌어낼 수 있다. 따라서 '나는 할 수 있다!'와 같은 긍정적인 말을 골라서 스스로에게 말해 주는 것이 좋다. '나는 잘 풀린다!', '나는 항상 운이 좋다' 등의 셀프 토크를 스스로에게 반복하자.

② 일시적

일을 하다 보면 결과가 좋지 않을 때도 있다. 실패할 때도 있다. 그럴 때는 그것을 일시적인 일로 받아들이자.

'이 실패는 일시적인 것이고, 내가 실력을 제대로 발휘하지 못했을 뿐이야.'

'지금 일이 잘 안 풀리는 건 우연히 타이밍이 나빴기 때문일 뿐이야.'

이처럼 부정적인 결과는 일시적인 것이라고 해석하는 셀프 토크를 준비하는 것이다. 그러나 우리 주위에는 높은 성과를 일시적인 일로 받아들이고 스스로를 부정하는 사람들이 의외로 무척 많다. 괜찮은 성과를 올렸음에도 "이번에 실적을 올린 건 운이 좋아 좋은 고객을 만났기 때문일 뿐이에요"라고 말하는 사람은 자신의 에너지를 스스로 약화하고 있는 것이다.

③ 확정적

일이 잘 풀리는 때, 성과를 올리는 때는 스스로에 대한 확신을 높일 수 있는 좋은 기회다. 이때는 확정적인 셀프 토크를 준비하자.

'앞으로도 비슷한 순간에는 잘 풀릴 거야.'

'이 정도 수준의 일은 항상 쉽게 해낼 거야.'

이처럼 긍정적, 일시적, 확정적인 생각과 행동으로 스스로를 격려하는 능력을 갈고닦으면 자신감이 생겨나게 된다. 말하기로 성공하는 사람에게는 이런 자신감이 필수다.

＼ **말하기로 성공하는 사람은**
／ 셀프 토크를 잘 활용한다!

40

성공하는 사람은
자신을 험담하는 사람과 잘 지내고,

실패하는 사람은
험담에 끌려다닌다

주위를 살피면, 남의 험담을 늘어놓는 사람들을 심심찮게 보게 된다. 이들은 타인을 깎아내려서 자신이 얻는 것이 있다고 생각하기 때문에 험담을 멈추지 못한다. 이들의 심리를 분석해 보면 다음과 같은 다섯 가지 패턴이 있다.

① 가벼운 농담이라고 생각한다

가벼운 마음으로 이야기하다가 남의 험담을 하게 되는 경우가 있다. 그러나 대상이 그 자리에 없는 경우, 즐겁게 웃으면서 친근함을 담아 이야기했다고 해도 결국 본인에게는 돌고 돌아 그 말의 내용만 전달된다. 주의할 필요가 있다.

② 성격이 달라서 이해하지 못한다

성격이 너무 다르면 이해할 수 없는 법이다. 신중한 사람의 시각에서 보면, 대담한 사람은 덜렁거리고 실수투성이다. 대담한 사람의 시각에서 보면, 신중한 사람은 우유부단하고 일하는 데 시간이 너무 많이 걸린다.

이처럼 상대방을 이해하지 못하면 단점밖에 눈에 들어오지 않아서 서로 험담을 하게 될 수밖에 없다. 또 항상 자신의 가치관이 옳다고 믿고 싶은 감정도 우리에게는 존재한다.

그러나 한 팀에 똑같은 유형의 사람들만 있으면 균형이 무너진다. 합은 잘 맞겠지만 시야가 한쪽으로 치우쳐서 아주 취약한 팀이 되고 만다. 서로 다른 유형의 사람들이 모여 있어야 팀으로서의 강점이 생기는 것이다.

③ 패자의 뒷말

상대방에게 무언가 뒤처지고 있다고 느끼는데, 자신보다 뛰어나다고는 도저히 인정하고 싶지 않으면, 험담으로 마음의 균형을 맞추려고 한다. 자존심에 상처를 입지 않기 위해 타인을 헐뜯어서 자신을 높이는 것이라 할 수 있다. 심리학에서 말하는 '끌어내리기 심리'를 통해서 자신이 옳음을 증명하려는 패턴이다.

④ 스트레스가 쌓인 상태

일이 잘 풀릴 때는 '이다음에는 이렇게 하자', '이번에는 이렇게 되면 좋겠다'와 같이 생각이 미래를 향한다. 그러나 반대로 되는 일이 없다는 불만을 느끼고 스트레스가 쌓이면, 문제를 외부의 탓으로 돌리거나 스스로를 책망해서 스트레스를 풀고 싶어진다. 타인을 험담함으로써 자책의 필요성을 없애려는 패턴이다.

⑤ 건설적인 의견을 말하고 있다고 생각한다

상사 같은 편하게 말할 수 없는 상대에 대한 불평을 동료와의 술자리에서 늘어놓는 식이다.

"과장님은 이렇게 하면 좋을 텐데, 아무래도 이해를 못하는 것 같단 말이야."

그러나 이것은 장소와 타이밍이 잘못된 패턴이다. 건설적인 의견을 제안하면 무언가 도움이 될 것이라고 생각될 경우, 회의에서 발언하거나 상사와 직접 담판을 짓는 것이 좋다.

이렇게 험담하는 사람의 심리를 다섯 가시로 분류해 보았다.

남을 험담하는 사람들은 타인의 문제를 이야기하고 있는 것 같지만, 알고 보면 자신의 문제를 이야기하고 있는 것이다.

"그 사람, 부자치고는 아주 쩨쩨하기로 유명한대! 정말 싫다."

이런 험담은 '부자라서 부러워'라고 말하는 것과 마찬가지다. 부자를 동경하지 않는 사람은 부자의 행동에 신경 쓸 이유가 없기 때문이다. 즉, 험담을 한다는 것은 곧 '저 사람은 내가 동경하는 것을 가지고 있어요'라고 공언하는 것과도 같다.

어느 영적 지도자는 이렇게 말했다.

"험담 때문에 화를 내거나 상처받는 것은 스스로를 과대평가하는 오만함이 있기 때문입니다. '나는 대단할 것 없는 사람이다'라는 겸허함이 있으면 크게 화를 낼 일도 없어집니다."

실제로 성공하는 사람은 눈앞에 있는 사람이 자신의 험담을 늘어놓는다고 해도 '내가 부러워서 어쩔 줄을 모르는구나'라고 바라본다. 개의치 않기 때문이다.

\ **말하기로 성공하는 사람은**
/ 험담을 들어도 흘려버린다!

41

성공하는 사람은
분노를 참고,

—

실패하는 사람은
분노를 표현한다

"하고 싶은 말을 속 시원히 못하겠어요."

상담을 하다 보면 이런 고민을 받을 때가 많다. 그중에는 다음과 같은 고민도 있다.

"사실은 그 사람한테 쌓인 분노를 쏟아내고 싶어요. 그런데 자꾸 참게 돼요. 화난 마음을 좀 더 드러내고, 하고 싶은 말을 하면 후련해질 텐데……."

요약하면 화가 났을 때, 분노가 치밀 때, 그 감정을 있는 그대로 표출하고 싶다는 이야기다.

어쩌면 지금 이 책을 읽고 있는 독자들도 분노를 참고 억누르는 일이 많을지 모른다. 그런데 그것은 좋은 일이다. 분노를 폭발시켜서 얻는 것보다는 잃는 것이 몇 배나 많기 때문이다. 하고 싶은 말을 하지 못하는 것은 잠재의식이 '후회할 일을 만들어서 불필요하게 상처받는 일'로부터 자기 자신을 보호하는 것이기 때문이다.

여기서 '분노'라는 감정의 정체를 알아보자. '분노'란 2차 감정이다. 진정한 감정이 아니라는 뜻이다. 우리에게는 1차 감정이라는 진정한 감정이 따로 있고, 거기에서 2차 감정이 비롯된다.

'분노'의 1차 감정은 '슬픔', '불안', '괴로움'이다. 항상 화가 나 있는 사람은 알고 보면 항상 슬프거나 괴로운 사람이다. 자신을 소중하게 여겨 주기를 바란 상대에게 홀대를 받거나 해서 느낀 슬픔이 '분노'라는 형태로 나타나는 것이다.

예전에 아무것도 모르는 백지 상태에서 하나하나 돌보며 능력을 길러 준 부하 직원이 있었다. 내가 항상 옆에서 도와준 결과, 그 직원은 파워 포인트도 쓸 줄 모르던 완전한 아마추어에서 인기 강사로 성장할 수 있었다.

그런데 그 직원은 정작 인기 강사가 되자 마치 손바닥을 뒤집듯 나를 함부로 대하기 시작했다. 내 허락도 받지 않고 마음대로 일을 처리하더니, 나중에는 그의 주변 사람들이 나를 협박하기까지 했다. 나로서는 너무나도 분하고 억울한 일이었지만, 그 직원은 사과 한마디 없었다. 나는 그때처럼 분노에 떨어 본 적이 없었다.

그러나 '분노는 2차 감정'임을 익히 알고 있던 나는 내게 어떤 1차 감정이 있는지 생각해 보았다.

'은혜를 잊고 나를 함부로 대해서 너무나도 슬프다.'

즉, 내 안의 1차 감정은 '슬픔의 감정'이었다. 그리고 슬픔을 준 상대방에게 복수하고 싶다는 감정, 나를 낙담시킨 상대방에게 되갚아 주고 싶다는 감정이 분노의 정체였다. 그 결과 나는 상대방이 성숙한 태도로 사과하지 않는 것도, 고마움을 모르는 이기적인 사람이 된 것도 모두 내 부덕의 소치라고 반성하는 계기를 가질 수 있었다.

사소한 일에도 곧잘 화를 내고 발끈하는 사람은 마음속 깊이 슬프고 불안하고 괴로운 사람이다. 걱정, 불안, 곤혹스러움, 초조함, 외로움, 낙담, 분함, 실망 등 부정적인 감정이 먼저 있고, 그것이 분노가 된다는 사실을 알아두자. 그렇게 하면 상대방이 화를 내도 전혀 당황할 필요가 없어진다.

'이 사람은 지금 어떤 1차 감정 속에 있을까?'

누군가 분노를 터뜨리고 있다면, 그의 1차 감정을 발견하려 노력해 보자.

'슬퍼.'

'걱정돼.'

'불안해.'

상대방의 1차 감정을 파악하게 되면, 상대방의 분노를 근본부터 진정시킬 수 있게 된다. 말하기로 성공하는 사람은 감정에 휘둘리지 않고 근본적인 부분을 볼 수 있는 사람이다.

> 말하기로 성공하는 사람은
/ 감정을 제어할 줄 안다!

42

성공하는 사람은
타인의 말을 수용하지 않고,

실패하는 사람은
타인의 말을 중시한다

'너는 다른 사람의 말을 수용하지 않아.'

누군가 당신에게 이런 비판을 했다면 어떤 생각이 들겠는가? 일단 당신의 성격이 오만한 탓에 타인의 말을 순수하게 받아들이지 않는다는 부정적인 이미지를 상상하게 된다. 그러나 부정적인 비판은 듣지 않는 것이 좋을 때가 더 많다.

'성공하는 사람들에게는 두 가지 공통점이 있다'고 일본 청소년 축구 대표 팀의 감독이 말한 적 있다.

그가 말한 첫 번째 공통점은 '근거 없는 자신감'이었다. 국가대

표로 성공하는 선수들 중에는 아직 실력도 제대로 갖춰지지 않은 10대 때 이미 "저는 앞으로 세계에서 활약할 겁니다"라고 선언하는 사람이 많다고 한다. 무언가 근거가 있는지 질문하면 "근거는 없습니다. 그래도 그런 생각이 듭니다"라고 말한다는 것이다.

사실 근거 있는 자신감은 의외로 취약하다. 근거가 있다는 것은 그 근거가 무너지면 자신감도 단숨에 무너진다는 뜻이기 때문이다. 반대로 근거가 없으면 자신감을 잃을 이유도 없다.

두 번째 공통점은 '있는 그대로 받아들이는 능력'이었다. 실제로 세계적인 축구선수들은 배운 것을 있는 그대로 실행해 보는 행동력을 가지고 있다고 한다.

꼭 축구가 아니더라도, 자존심 때문에 스스로를 바꾸지 못하는 사람들이 많다. 사소한 자존심을 지키다가 큰 사람이 되지 못하고 끝나 버리는 사람들이 대다수이다. 자신의 실력 향상을 위해서라면 지금의 자신을 부정하면서라도 도전해 보는 것이 최고가 되는 길인데도 말이다.

그러나 타인의 말을 있는 그대로 받아들일수록 일을 망치게 되는 경우도 있다. 바로 타인이 비판을 하는 경우다. 혹시 당신이 스스로에게 자신이 없다면 그 이유는 무엇일까? 선배나 친구, 부모나 형제자매 등 주변 사람의 비판적인 말이 원인일지 모른다.

"마쓰하시, 가까이서 보니까 너 정말 못생겼네!"

내 경우, 중학교 2학년 때 한 여자아이에게서 들은 말이 가슴 깊이 박힌 적이 있었다. 그게 오랜 시간 여성에 대한 자신감이 없어지고 삐딱한 감정을 가지게 된 계기였던 것 같다. 실제로 그날 들은 말에 나는 오랫동안 영향을 받으며 살았다. 내가 자신에게 도움이 되지 않는 타인의 말은 듣지 않도록 권하는 것도 이 때문이다.

참고로 지금의 나는 '그때 그 아이가 왜 굳이 그런 말을 했나 생각해 보면, 내 관심을 끌고 싶었던 게 아닐까'라고 꽤나 긍정적으로 해석하는 사람이 되었다.

물론 만나는 사람마다 한 명도 빠짐없이 자신을 좋아하고 사랑하기를 바라는 것은 현실성이 없다. 그럼에도 불구하고 그 사실을 아주 잘 알고 있으면서도, 비판을 받으면 몇 년씩 그 말을 가슴 깊이 품고 살아가는 사람들이 너무나 많다.

실제로 상담을 하다 보면 이런 고민을 자주 접하게 된다. 그들에게 "왜 그렇게 생각하시나요?"라고 물으면 "주위 사람들이 모두 그렇게 말했어요"라고 대답한다. 그래서 "모두가 몇 명이죠? 그 사람들의 이름을 말씀해 주실 수 있나요?"라고 다시 물으면,

대부분의 경우 단 한 명뿐이다. 지금까지 인생에서 만난 수천 명의 사람들 중에서 단 한 명, 많아 봤자 몇 명에게서 받은 비판을 마치 진리처럼 받아들이며 살고 있는 것이다. 그것이 얼마나 실없는 일인지 깨달으면 마치 마법처럼 저주에서 풀려날 수 있다.

타인의 비판을 무조건 받아들일 필요는 없다. 게다가 당신의 수준이 높아지면 높아질수록 비판하는 사람은 늘어난다. 유명해지면 유명해질수록 비판이 늘어난다. 타인의 비판에 귀기울이면 하루도 못 버틸 상황이라는 뜻이다.

이럴 때 좋은 사고방식을 하나 소개하겠다. 내 멘토 중에 한 여성 분이 내게 이렇게 말한 적이 있다.

"세상 모든 사람이 예쁘지 않다고 말해도, 사랑하는 연인이나 남편이 예쁘다고 말해 주면 그걸로 충분해요."

요컨대 '누구를 기쁘게 해 주고 싶은가?'의 문제라는 뜻이다. 나 역시 "선생님의 책과 세미나로 제 인생이 바뀌었어요!"라고 기뻐하는 사람들이 있다면 그것으로 만족한다. 독자 여러분은 누구를 기쁘게 해 주고 싶은가?

〉 말하기로 성공하는 사람은
〉 비판을 받아도 마음 쓰지 않는다!

: 7장 :

성공하는 사람의
'입버릇'

43

**성공하는 사람은
"알겠습니다"라고 말하고,**

—

**실패하는 사람은
"알고 있습니다"라고 말한다**

우리 주위를 둘러보면, 평소의 사소한 입버릇 때문에 생각지도
못한 중대한 손해를 보는 사람들이 많다.

"마쓰하시, 이런 부분이 좋지 않으니까 바꿔. 알았지?"

"네, 알고 있습니다."

"무슨 대답이 그래!"

"(어? 왜 화를 내는 거지?) 아, 아니…… 특별한 의미는 없는 데
요…….."

"'알고 있습니다'라며! 무슨 뜻이야!"

"아닙니다, 죄송합니다."

"내가 주의를 줄 걸 처음부터 알고 있었다는 뜻이지?"

"아니, 그런 뜻은 아닙니다."

"그런 건방진 소리를 다 하고 말이야!"

나 역시 20대 때 이런 식의 입버릇 때문에 상사에게 크게 혼이 나는 일이 잦았다.

"알고 있습니다."

"저도 알아요."

이렇게 대답하는 습관을 가진 사람은 은근히 상대를 짜증나게 만든다. 자각 못할 수도 있지만 이런 말에는 '얕보이면 안 돼'라는 심리가 숨어 있을 가능성이 높다. 그럼에도 불구하고 이런 입버릇을 가진 이들은 자신이 높은 위치에 있기 위해서 무의식적으로 상대방을 끌어내리고 있음을 깨닫지 못한다.

결국 자신이 똑똑하다는 것을 보여 주고 싶은 내밀한 오만함은 상대방을 화나게 할 뿐이다. 이렇게 커뮤니케이션 능력이 떨어지면 다루기 힘든 부하라는 꼬리표가 붙게 된다. 따라서 이럴 때는 순순히 "알겠습니다"라고 대답하는 것이 좋다.

그 외에 상대방을 짜증나게 하는 말로 "아~ 그렇게 말씀하실 줄 알았어요!"도 있다. 이런 반응은 잡담을 할 때 자주 듣게 되는데, 이 말에도 다음과 같은 화자의 속마음이 숨어 있다.

- 나는 똑똑하다.
- 당신이 무엇을 하려는지 빤히 보인다.
- 그 말을 할 줄 짐작하고 있었다.

문제는 이런 의도를 상대방이 똑똑히 느낀다는 것이다. 따라서 거만함이 느껴지는 말은 사용하지 않도록 주의하자.

반대로 상대방의 거만한 말투, 입버릇에 당신 자신이 울컥할 수도 있다. 그러나 흔쾌히 용서해 주자. 상대방에게는 나쁜 의도가 없다고 단순하게 생각하면 된다. 이들은 본질적으로 '나를 인정해 줘!'라는 마음이 지나치게 강한 사람일 뿐이며, 어릴 때 욕구를 억누르기를 강요당하고 인정을 받지 못하면서 느낀 감정이 어른이 되어서도 남아 있는 것이라고 말이다.

'나 자신의 가치관으로는 나를 충족시킬 수 없어. 타인의 인정을 받아야 충족이 돼.'

이들은 위와 같은 생각으로 타인의 가치관에 의존해 살아가는 사람이므로 조금 가엾다고 생각해 주면 된다. 그래도 분노가 치밀어 올라서 되갚아 주고 싶다는 감정이 솟아난다면, 당신 역시 '인정받고 싶다'는 감정이 강하다는 증거다. 그 감정이 자극을 받아서 격렬한 반응으로 이어지는 것이기 때문이다.

결과적으로, 거만한 사람은 '내게도 저런 부분이 있구나'라고 깨닫게 해 주는 존재라고 할 수 있다.

"아, 역시 대단하시네요. 고마워요."

말하기로 성공하는 사람은 이렇게 성숙한 대응을 한다. 그 편이 자기 자신의 삶도 즐거워지는 방법이다.

말하기로 성공하는 사람은
상대방을 인정할 줄 안다!

44

성공하는 사람은
'회사를 위해' 변명하고,

—

실패하는 사람은
'자신을 위해' 변명한다

직장 상사가 추궁할 때는 많은 이들이 자기도 모르게 변명을 하고 싶어진다. 그러나 어떤 변명이냐에 따라서 상사에게 무능한 직원으로 비칠 수도 있는데, 다음과 같은 변명은 상사들이 싫어하므로 특히 주의하자.

① "안 됩니다"

상사의 입장에서는 '해 보지도 않고 되는지 안 되는지 어떻게 알아!'라고 느끼게 되는 말이다. 이런 변명은 무기력하고 적극성이 없는 느낌을 주기 때문에 상사가 들으면 화를 내고 만다.

② "어렵습니다"

이렇게 말하면 '쉽고 편한 일만 하고 싶어 한다'는 오해를 받기 쉽다. 쉬워 보이는 일만 맡으면 능력이 향상되지 않는다.

③ "모르겠습니다"

모르는 부분이 있는 것은 당연하다. 하지만 이렇게 변명하면 "모르면 알아보라고!"라는 말을 듣게 된다. 따라서 적극성을 보이기 위해서는 구체적으로 무엇을 모르는지 곧바로 말해야 한다.

"지금 말씀하신 ○○이라는 부분을 잘 모르겠습니다. 어떻게 해야 할지 가르쳐 주실 수 있을까요?"

④ "못 들었습니다"

'사전에 들은 일이 아니라면 저는 하고 싶지 않네요'라는 의도가 느껴지는 변명이다. 상사에게 거만한 태도로 비춰질 수 있으므로 주의하자.

⑤ "바빠서 못 했습니다"

"이 회사에 한가한 사람이 누가 있어!"라고 혼날 만한 변명이다. '바쁘다'는 변명은 소극적인 모습을 어필하는 것이나 마찬가지다. 변명을 해야 한다면 다음처럼 하는 것이 좋다.

"지금 새 프로젝트 업무가 밀려 있어서요."

"그 자료 제작은 조금 더 기다려 주실 수 없을까요?"

⑥ "지금 막 하려고 했습니다"

어린아이 같은 변명이다. 불에 기름을 붓는 격으로 상대방을 발끈하게 한다. 상사가 '글러먹었군'이라고 생각하게 만드는 전형적인 패턴이다.

⑦ "잘 못합니다"

자신의 능력을 낮추어 말함으로써 미리 실패를 가정하고 방어하려는 태도로 보일 수밖에 없다. "저는 그런 일에 서툴러서 잘 못할 것 같습니다" 같은 말을 해서 기대치를 낮추는 방법인데, 열심히 공부해 놓고 "공부 하나도 안 했어"라고 하면서 시험을 잘 보는 것도 이런 방법의 일종이다. 그러나 이렇게 자존심을 지키기 위해 지나친 변명을 하다 보면 무능한 직원이라는 낙인이 찍힐 가능성이 높다.

당신도 위와 같은 변명을 하고 있지 않은가?

이런 말들은 주체성의 부족에서 나오는 입버릇이다. 소극적이고, 창의성을 발휘하려는 자세가 전혀 느껴지지 않는다. 자기변호를 하고 정당화하려는 마음에서 이런 사소한 입버릇이 생겨나는데, 문제는 자신도 모르는 사이 입버릇이 자신의 목을 점점 조이고 만다는 것이다.

반면 성공하는 사람은 자신에 관해 변명하지 않는다.

"죄송합니다. 이대로라면 업무에 지장이 생겨서 회사에 피해를 줄 것이라고 판단했습니다."

이처럼 어디까지나 일을 위해서, 회사를 위해서라는 목적을 잊지 않고 사과한다. 변명도 어떻게 하느냐에 따라 평가가 크게 달라진다는 사실을 명심하자.

＼ 말하기로 성공하는 사람은
／ 사과부터 한 후 변명한다!

45

성공하는 사람은 "네"라고 말하고,

실패하는 사람은 "그래도"라고 말한다

    사람들이 공통적으로 싫어하는 입버릇들 중에 다음과 같은 단어의 빈번한 사용이 있다.

"아니"

"하지만"

"그래도"

"그렇다기보다"

    상대방의 말을 부정하려는 의도가 없는데도 불구하고, 이런 부정어를 사용하는 습관을 가진 사람이 의외로 많다.

"이번에 하코다테에 여행을 다녀왔어요."

"아, 하지만……."

"(어? '하지만'이라니 무언가 반론이라도 하려는 건가?)"

"하코다테 참 좋죠!"

"네? 아, 그렇죠. (뭐야, 찬성이네)"

"하코다테에서 어디 다녀왔어요?"

"하코다테 산에 올랐어요."

"하코다테 산이요. 그래도……."

"네? (이번에는 정말로 반대 의견을 말하려는 건가?)"

"하코다테 산은 야경도 예쁘죠."

"그렇죠……. (헷갈리네)"

위의 대화처럼 찬성과 수긍을 하면서도 '하지만'이나 '그래도'와 같이 상반되는 단어를 사용하면, 상대방은 반론이 나올 것을 예상하고 방어 태세를 갖추게 된다. 불필요한 상황이 발생하는 것이다.

더 골치 아픈 경우는 상대방의 의견을 정말로 반박하는 사람들이다. 상대방의 의견에 동의하지 못하거나 이해할 수 없는 경우, 드러내 놓고 반박을 하는 것이다. 지기 싫어하는 사람들이 곧잘 하는 행동인데, 그 때문에 인간관계가 악화되는 일이 벌어지게 된다.

가령 당신이 영업사원인데 고객이 "이 상품 비싸네요!"라고 말했다면 어떻게 대답할 것인가? 물론 "그렇지 않습니다!"라고 정면으로 반론하지는 않을 것이다. 그리고 다음과 같이 영업의 세계에서 잘 알려져 있는 'Yes but 방법'을 사용하는 사람이 많지 않을까 싶다.

"이 상품 비싸네요!"

"네, 좀 비싸긴 하죠. 하지만 이 수준에서 이 정도의 기능이 있는 상품치고는 상당히 저렴합니다."

이처럼 'Yes but 방법'이란 "네, 그렇지요"라고 받은 다음에 "하지만"이라고 하면서 자신의 의견을 말하는 방법이다.

그러나 심리학적으로 보면 이 방법에도 문제가 있다. '하지만', '그래도', '다만' 같은 부정의 말을 사용한 시점에서 상대방의 마음속에는 벽이 생기기 때문이다.

결국 거부감을 주지 않기 위해 가장 중요한 일은 상대방의 말을 결코 부정하지 않는 것이다. 그렇다면 어떻게 말하는 것이 좋을까? '하지만' 대신 '그건 그렇고'를 사용하는 것이다.

"이 상품 비싸네요!"

"네, 비싸죠. 그건 그렇고, 이 수준에 이런 기능들이 있으면 일반적으로는 ○만 엔이니 이 상품은 상당히 저렴합니다."

이처럼 수긍할 수 없는 말을 들었을 때도 일단은 "네"라고 받아들인 다음 "그건 그렇고", "그러고 보면"과 같은 말로 화제를 전환하는 것이 비결이다. 이처럼 거부감을 주지 않고 상대방에게 자신의 뜻을 전달하도록 의식하는 노력이 필요하다.

말하기로 성공하는 사람은
부정어를 사용하지 않는다!

46

**성공하는 사람은
해결 지향형 질문을 하고,**

—

**실패하는 사람은
원인 추구형 질문을 한다**

회사원 시절, 실적이 오르지 않아 고민할 때였다. 동료와 차를
마시며 쉬다가 나는 무심코 이런 말을 흘렸다.

"요즘 실적이 전혀 안 올라. 왜 잘 안 풀릴까?"

"마쓰하시, 그래서는 점점 더 실적이 안 오를 뿐이야."

"응? 어째서?"

"원인을 찾아봤자 의미 없어. 잘 안 되는 부분을 바꿀 만큼 한
가하다면, 그 시간에 잘 될 방법을 생각하는 게 나아!"

당시 심리학을 배우던 동료는 내게 이렇게 조언을 해 주었다. 그리고 동료의 말은 맞았다. 자기 자신에게 어떤 질문을 던지느냐에 따라 결과가 크게 달라지기 때문이다.

"왜 잘 안 될까?"
"왜 이렇게 됐을까?"
"어디가 잘못됐던 걸까?"
"왜 항상 이렇게 될까?"

이것들을 원인 추구형 질문이라고 한다. 그러나 '왜', '어째서'라는 질문은 부정적인 방향으로 향하기 쉽다. 물론 원인을 찾아내서 개선하는 전통적인 방법도 때와 장소에 따라서는 효과가 있을지 모른다. 다만 많은 경우 기분이 침울해지고 에너지가 줄어들 뿐이다.

그보다는 해결을 향한 질문을 던지는 습관을 기르는 게 훨씬 더 효과적인데. 세계적으로 유명한 최면요법 전문가 밀튼 에릭슨의 제자 빌 오핸론은 이에 관해 다음과 같은 사항들을 소개한 바 있다.

'이 문제를 어떻게든 해결해야만 한다면 거기에서 무엇을 얻을

수 있는가?'

→ 실적을 올리면 칭찬을 받는다, 스스로 성장할 수 있다 등 무엇을 얻을 수 있는지를 명확히 한다.

'원하는 결과를 얻기 위해서 그만두어도 좋은 일은 무엇인가?'

→ 실적을 높이기 위해 밤샘을 그만두고 좋은 컨디션을 유지하기 등 그만둬야 할 일을 결정한다.

'이 문제와 관련해서 지금 내가 할 수 있는 일은 무엇인가? 할 수 있는 일이 있다면 가장 먼저 해야 할 일은 무엇인가?'

→ 고객과 약속을 잡기 위해 전화 통화를 10퍼센트 늘리기 등 구체적으로 할 수 있는 일을 명확히 한다.

'할 수 있는 일이 없다면, 바꿀 수 없는 현재 상태와 어떻게 타협해야 하는가?'

→ 타인의 평가 등 자신이 어떻게 할 수 없는 일은 내버려 둔다.

'예전에 지금과 똑같은 상황을 잘 헤쳐 나갔을 때는 무엇을 했는가?'

→ 과거의 성공 경험을 현재에 활용한다. 똑같은 불안이나 걱정

을 느꼈을 때 어떻게 대처했는지 떠올린다.

문제가 있을 때, 원인을 찾으면 찾을수록 문제는 더 크고 심각하게 느껴질 뿐이다.

"자네는 왜 항상 실패하나?"

누군가 당신에게 이렇게 질문한다면 어떨까? 나라면 상당히 우울해질 것 같다. 문제의 원인이 무엇인지 생각해내기 위해서는 부정적인 생각을 계속할 수밖에 없는데, 그러면 기분이 좋아질 리 없으니까 말이다.

따라서 누군가가 실력을 제대로 발휘하지 못하게 만들고 싶다면, 일이 잘 안 풀리는 원인을 찾는 '원인 추구형 질문'이 효과적일 것이다.

반대로 스스로 뛰어난 실력을 발휘하고 싶거나 누군가의 실력을 이끌어 내고 싶다면 앞에서 말한 다섯 가지 질문이 좋을 것이다.

> 말하기로 성공하는 사람은
> 긍정적으로 생각할 수 있는 질문을 한다!

47

성공하는 사람은
'원하는 일'을 말하고,

실패하는 사람은
'원치 않는 일'을 말한다

당신은 지금 어떤 목표를 가지고 있는가? 저마다 크든 작든 원하는 목표가 있을 텐데, 의외로 목표를 잘못 설정하는 사람들이 무척 많다. 당신 자신은 어떤지 생각해 보자. "당신의 목표는 무엇입니까?"라는 질문을 받으면, 혹시 이렇게 대답하고 있지 않은가?

"가난해지고 싶지 않아요."
"병에 걸리는 일만은 피하고 싶어요."
"회사가 도산의 위기에 처하지 않기를 바랍니다."
"빚이 없었으면 좋겠어요."

"몸무게가 80킬로그램을 넘지 않았으면 좋겠어요."

흔하고 그럴듯한 목표처럼 보이지만, 이런 목표 설정은 잠재의식에 역효과를 불러올 뿐이다. 우리의 잠재의식은 입력된 말을 그대로 이미지로 바꾼다. '가난해지고 싶지 않다'는 목표를 예로 들어 생각해 보자. '가난해지고 싶지 않다'는 말에서 잠재의식은 어떤 이미지를 떠올릴까?

- 돈이 없어서 슬픈 얼굴을 그린다.
- 자신이나 가족은 "돈이 없어"라며 한탄하는 목소리가 들린다.
- 배고픔과 추위에 떠는 기분을 느낀다.

우리의 잠재의식은 이런 부정적인 이미지를 떠올리고 만다. 더욱더 문제는 '그렇게 되지 않도록 하겠다'는 이미지로 옮겨가야 하는데, 그것이 쉽지 않다는 것이다. 이미 생각한 일을 하지 않겠다는 것은 뇌과학적으로 불가능하기 때문이다.

"하늘을 나는 하얀 돼지를 생각하지 마세요"라는 말을 들으면 무엇을 생각하게 될까? 생각하지 말라고 해도 하늘을 나는 하얀 돼지를 떠올릴 수밖에 없다. 마찬가지로 '몸무게가 80킬로그램을 넘지 않도록 하자'라는 목표를 세워도, 정작 우리의 뇌는 80킬로그램을 넘은 자신을 상상하게 된다. "내일 아침 10시에 중요한 회의가 있으니까 절대 지각하지 마. 지각하면 모든 사람에게 큰 폐를 끼치게 되니까"라는 식으로 주의를 주는 상사가 많을 텐데 이것도 마찬가지다. 우리의 잠재의식에는 이런 메시지가 전달되기 마련이다.

'지각해라.'

결국 '이렇게 하지 마라', '저렇게 하지 마라'라고 말하면 잠재의식에는 '해라'라는 명령을 심어 주게 되는 것이다.

이것을 심리학에서는 '부정명령'이라고 하는데, 주위를 둘러보면 자기 자신에게도 이러한 부정명령을 사용하는 사람이 너무나 많다.

'실수하지 말자.'

'포기하지 말자.'

이런 것들이 바로 부정명령이다. 그러면 어떻게 말해야 할까? '하지 말기를 바라는 일'이 아니라 '하기를 바라는 일'을 말하는 습관을 들여야 한다.

"몸무게가 80킬로그램을 넘지 않도록 하자."

→ "몸무게가 75킬로그램 아래로 내려가도록 노력하자."

"10시보다 늦게 오지 마."

→ "9시 55분까지는 와."

"실수하지 말자."

→ "천천히 행동하고, 마치고 나면 두 번 검토하고, 마무리를 확
인하자."

이처럼 누군가에게 무언가를 부탁하거나 명령을 할 때는 바라
는 것만 말하자. 그리고 스스로 다짐할 때는 원하는 결과만을 생
각하자. 성공하는 사람에게는 긍정적인 목표를 설정하는 습관이
있다.

＞ 말하기로 성공하는 사람은
＞ 긍정적인 발언을 한다!

48

성공하는 사람은
운수가 좋은 말을 하고,

—

실패하는 사람은
운수가 나쁜 말을 한다

성공하는 사람은 에너지의 중요성을 잘 알고 있다. 그렇다면 어떻게 해야 에너지를 높일 수 있을까? 운이 좋은 사람들을 만나고, 운이 따르는 장소에 가고, 운수가 좋은 말을 하는 것이다.

옛날부터 일본인들은 말에 영력이 깃들어 있다고 믿었다. 나 역시 이에 동의하는데, 우리가 평소 아무렇지 않게 쓰는 말에도 영력이 숨어 있다. 바로 "다녀오겠습니다", "다녀오세요", "고맙습니다"같은 말들이 그것이다.

다녀오겠습니다"에 깃든 힘

이 말에는 '오겠습니다'는 의미가 포함되어 있다. 즉, '가겠습니다. 그리고 다시 돌아오겠습니다'라는 의미가 담겨 있는 것이다. 왜냐하면 옛날에는 집을 멀리 떠날 때 목숨을 걸어야 했기 때문이다. "다녀오겠습니다"라는 말은 반드시 돌아오겠다는 맹세를 담은 말이었던 것이다. 그래서 특공대원들은 목숨을 바치기로 결의하고 전장에 나설 때 "다녀오겠습니다"라고 말하지 않았다고 한다. 참고로 서양에는 여기에 대응하는 말이 없다고 한다.

"다녀오세요"에 깃든 힘

이 말에는 '갔다가 무사히 돌아오세요'라는 상대방을 다시 끌어당기는 힘이 숨어 있다. 이 말은 외출하는 사람에게 건네는 인사말 내지는 빈말 같지만, 입 밖에 내는 순간 강력한 에너지가 되어 상대방을 지켜 준다. '말의 힘'으로 약속하며 밖으로 나서는 것이다.

"고맙습니다"에 깃든 힘

특히 강한 영력이 숨어 있는 말이 "고맙습니다"이다. 일본어의 '고맙다(ありがとう)'를 한자로 쓰면 '有り難う'이다. 글자 그대로 있기(有)가 어렵기(難)에 고맙다는 설과, 어려움(難)이 있기(有)에

고맙다는 설이 있다. 좀처럼 일어나지 않는 일이 일어난 데에 대한 고마움. 괴로움이나 병 등의 '어려움'과 관련된 고마움. 그럼으로써 영혼을 수련한다는 뜻이 담겨 있는 것이다.

또 '고맙습니다'의 '~습니다(ございます)'를 한자로 쓰면 '御座います'인데, 이는 신과 같은 높은 존재(御)가 존귀한 자리에 계시다는(座) 뜻이다. 이 두 가지 말을 하나로 합치면서 영력이 더욱 강해지는 것이다.

반대로, 실패하는 사람은 에너지가 빠져나가는 말을 부주의하게 사용한다.

- 피곤해.
- 귀찮아.
- 운이 안 따라.

이 말들을 입에 올리면 에너지가 약해질 수밖에 없다. 있던 의욕도 꺾을 뿐만 아니라 주변 사람들의 활력까지 빼앗기 때문이다.

내 클라이언트 중 항상 불평불만을 늘어놓는 사람이 있었다. 그는 늘 입버릇처럼 "저한테는 불행한 일만 일어나요"라고 말하고는 했다. 그런데 내가 그에게 "고맙습니다"를 계속 말하도록 조언

했더니, 놀랍게도 몇 십 년 동안 고민하던 일이 사라져 버렸다. 게다가 고맙다고 말하면서 좋은 일만 일어나게 되었다.

무언가 부정적인 생각에 사로잡힐 때는 '고맙습니다'를 그 위에 덧칠한다고 상상해 보자. 빛이 보이지 않아 괴로울 때는 꼭 시도해 볼 것을 추천한다.

> 말하기로 성공하는 사람은
> '고맙습니다'가 입버릇이다!

49

**성공하는 사람은
"고맙습니다"라고 말하고,**

—

**실패하는 사람은
"죄송합니다"라고 말한다**

고등학교를 졸업하고 도쿄로 상경한 지 얼마 되지 않았을 때, 도쿄에서 나고 자란 한 여성을 알게 되었다. 그녀는 훌륭한 커뮤니케이션 능력을 갖춘 사람이었다. 나는 그녀에게서 많은 것을 배우며 '도시 여자들은 다르구나!'라고 느끼고 존경심을 갖게 되었는데, 특히 그녀가 해 준 많은 조언이 기억에 남는다. 그리고 그때마다 나는 감사 인사를 하면서 이렇게 말했다.

"아, 죄송합니다."

그런데 어느 날 그녀가 내게 이렇게 말했다.

"전부터 마음에 걸렸는데, 마쓰하시는 무슨 일을 해 줘도 항상

'죄송합니다'라고 말하더라고. 하지만 나는 '고맙습니다'라는 말을 들을 때 더 기뻐."

당시 나는 커뮤니케이션에 서툴러 "고맙습니다"라는 말을 할 줄 몰랐다. 생각해 보면 아오모리에 있던 어린 시절부터 나는 가족이나 친구들에게 감사 인사를 할 때 "고마워"가 아니라 "미안"이라고 했던 것 같다. "고마워"라는 말은 거의 쓰지 않았다. 도쿄에 오고 나서는 조금 공손해져서 "죄송합니다"라고 했지만, "미안"이나 "죄송합니다"와 같은 사과의 말을 사용하는 게 대부분이었다. 그러나 얼핏 보기에 겸손해 보일 수도 있지만, 미안하다는 사과보다는 고맙다는 감사의 말이 듣는 쪽에서도 더 기분이 좋은 법이다.

당시의 나처럼 "고맙습니다"를 평소에 부담 없이 말하기가 힘든 사람, 어색해서 말하지 못하는 사람들이 주위에 의외로 너무 많다. 고마운 마음이 없는 것도 아닌데 '낯간지러워서 못하겠어, 쑥스러워'라는 이유로 고맙다는 말을 하지 못하는 것이다. 그러나 이런 사람들은 큰 손해를 보고 있는 것이다.

인간은 뇌의 구조상 남성보다 여성이 압도적으로 감정을 읽어내는 능력이 발달해 있다고 한다. 그래서 엄마들은 아기의 울음소리만으로도 아기가 배가 고픈지, 또는 기저귀를 갈아야 하는지 알아낼 수 있다는 것이다. 하지만 남성은 여성과 비교해 감정과 기억을 담당하는 뇌의 작용이 부족하고, 감정을 표현하는 데에도 서투르다. 남성에게 무언가를 해 줬을 때 말이 없거나 "아, 응" 정도의 반응밖에 없는 경우가 대부분인 것도 그 때문이다.

게다가 공감 능력도 약하기 때문에 '감사 인사를 해 주면 좋아하겠지', '감사 인사를 안 하면 서운해 하겠지'라는 상상력이 부족할 수밖에 없다. 반면, 여성에게 무언가를 해 줬을 때는 "어머, 어떡해! 고마워!"라며 지나칠 정도로 반응하는 경우가 많다.

또한 "고맙습니다"라고 말하지 못하는 이유 중에는 '~를 해 주지 않았잖아'라는 상대방에 대한 불만 때문인 경우도 있다. 그러나 인간관계가 잘 풀리지 않는 큰 이유는 남이 자신에게 '해 주지 않은 일'에 주의를 쏟기 때문이다. 그렇게 되면 고마운 마음이 들지 않을 수밖에 없다.

"나를 인정해 주지 않아."
"나를 칭찬해 주지 않아."
"나를 이해해 주지 않아."
"나를 사랑해 주지 않아."

이런 말만 하는 사람들을 '주지 않아 족' 또는 '주지 않아 별에 사는 사람'이라고 부를 수 있는데, 주지 않아 별 사람이 되지 않도록 항상 "고맙습니다"라고 말하는 습관을 들이도록 노력하자.

> 말하기로 성공하는 사람은
> 고마운 마음을 있는 그대로 표현한다!

50

성공하는 사람은
사명을 말하고,

——

실패하는 사람은
환경을 말한다

그동안 여러 사람들을 프로듀싱하면서 '응원하고 싶다는 생각
이 드는 사람들의 공통점은 무엇일까?'를 생각해 보았는데, 다음
과 같은 공통점이 있음을 발견하게 되었다. 바로 스케일이 크고,
가슴이 설레는 비전을 이야기하고, 사명과 이념, 가치관이 명확한
것이었다.

거래처 직원이나 고객이 당신에게 이런 질문을 했다고 가정해
보자.

"왜 이 일을 하시나요?"

당신이라면 어떻게 대답하겠는가? 대체적으로 다섯 가지 수준으로 답을 분류할 수 있을 것이다.

① 환경 수준의 대답

"집이 가까우니까요."

"연봉이 많아서요."

이것은 환경 수준의 이야기다. 고객의 시각에서 보면 이런 대답을 하는 영업사원에게서 무언가를 구입하고는 싶지 않을 것이다.

② 행동 수준의 대답

"심리학과 관련된 일을 하고 싶어서 강사를 하고 있어요."

"예전 직장에서 16년간 영업을 했기 때문에 지금은 영업 컨설턴트를 하고 있습니다."

행동 수준의 대답은 위와 같다. 흔한 대답이지만 사람들을 끌어당기는 대답이라고는 생각되지 않는다.

③ 능력 수준의 대답

"숫자를 다루는 것을 좋아해서 세무사 일을 하게 되었습니다."

"심리학을 오랫동안 공부했고 그 지식을 활용하고 싶었기 때문에 심리학 강사를 하고 있어요."

능력 수준의 대답에서는 '자신이 있기 때문에'라는 말이 자주 나온다. 이런 대답은 환경 수준이나 행동 수준보다는 낫지만, 자신을 중심으로 생각하기 때문에 역시 사람들을 끌어당기는 힘은 부족하다.

④ 가치관 수준의 대답

"영업은 세상의 최전선에 있는 일이라고 생각하기 때문입니다."

"중소기업이 일본의 경제를 지탱합니다. 그리고 그 중소기업들을 지탱하는 것이 세무사입니다."

자신이 하는 일의 가치를 말하는 사람에게는 사람들을 끌어당기는 에너지가 깃든다. 그러니 당신도 자신의 일이 지닌 가치를 다시금 되돌아볼 기회를 가져 보자.

⑤ 자기개념, 사명 수준의 대답

"사람을 구원하는 힘이 있는 심리학을 많은 사람들에게 전하고 싶기 때문에 이 일을 하고 있어요."

"일본에서 커뮤니케이션 때문에 고민하는 사람이 없어지도록 하고 싶습니다."

최상위의 자기개념, 사명 수준의 말에서는 가장 큰 에너지가 솟아난다.

실제로 카리스마를 뿜어내는 사람이나 큰 존경을 받는 사람에게 "왜 그 일을 하고 계시나요?"라고 질문하면 사명이나 가치관에 대해 이야기한다. 그래서 많은 사람들이 그들에게 끌리는 것이다. 이처럼 타인을 움직이기 위해서는 대의명분이 필요하다.

스즈키 이치로에게 왜 야구를 하느냐고 질문했을 때 "그야 돈을 많이 버니까요"라는 환경 수준의 대답이 나올 거라 생각되는가? 그런 의식 수준이었다면, 이치로는 그 정도로 대단한 활약을 할 수 없었을 거라고 나는 단언한다.

즉, 최고라고 일컬어지는 사람들은 자기 자신의 마음을 끌어당기는 말을 알고, 그 말을 항상 자신에게 들려주기에, 나아가 타인의 마음까지 움직일 수 있는 것이다.

당신 자신은 지금 왜 일을 하고 있는가? 그에 대한 답을 잘 생각해 보자. 그리고 항상 주위 사람들에게 당당하게 말하자. 이것이야말로 성공하는 사람의 멋진 습관이다.

\ **말하기로 성공하는 사람은**
/ **꿈과 목표가 크다!**

대화의 기술을 익혀 인간관계를 개선하자

예전에 어느 영업의 달인이 내게 이렇게 말한 적이 있다.

"궁극의 커뮤니케이션 기술은 상대방을 좋아하는 것이다."

그때 나는 반사적으로 이렇게 생각했다.

'말이 쉽지 어떻게 그래요! 싫은 사람들도 있고, 성격이 맞지 않는 사람들도 있는데.'

그 시절에 비하면 지금의 나는 많이 성숙해진 것 같다. 실제로 지금은 싫은 사람이 거의 없다. 그 이유는 나 자신과 사이가 좋아졌기 때문이다.

사실 싫은 사람이란 자기 자신의 투영이라고 할 수 있다. 우리는 스스로의 싫은 부분을 여봐란 듯 드러내 보이는 사람에게 혐오감을 느낀다. '나는 나의 이런 부분이 싫어. 남들은 절대 발견하지 못하도록 하자'라고 생각하며 덮어 둔 부분이 찔리는 것이다.

그러나 자신의 마음을 깊이 들여다보고 싫은 부분도 수용할 수 있게 되면, 싫은 사람은 점점 없어진다. 즉, 인간관계의 고민은 자기 자신과의 관계를 개선하면 대부분 해결될 수 있다.

이 점을 이해하고 책에서 소개한 다양한 대화의 기술과 언어 습관을 철저히 실천하면 타인의 감정과 생각을 손바닥 들여다보듯 환히 파악할 수 있게 될 것이다. 그러면 상대방과의 사이에 깊은 공감이 생겨나 서로에게 호의를 느낄 수 있게 된다.

따라서 이 책에서 가르친 기술은 '타인을 사랑하는 기술'이라고도 할 수 있다. '사랑'을 구체화시켜 나가는 기술을 몸에 익히면, 앞으로의 인생에서 난처한 일은 일어나지 않게 될 것이다.

물론 우리는 성인군자가 아니기 때문에 모든 사람을 좋아할 수만은 없다. 화가 날 때도 있을 것이다. 수용하기 어려운 사고방식을 가진 사람도 만나게 될 것이다. 그럴 때 모든 것은 '자신의 거울'이라는 사실을 떠올리기를 바란다.

항상 곁에 있는 사람들과 처음 만나는 사람들이 무심코 던지는 말, 우연히 책을 펼쳤을 때 눈에 띄는 말, 그것들 모두가 우리 자신을 향한 메시지다. 좋아할 수 없는 사람이나 화를 돋우는 사람이 눈앞에 나타나서 자신을 불편하게 하는 것도 하나의 메시지다.

지금 독자 여러분에게 필요한 메시지가 이 책 어딘가에 있을 것이다. 이 책이 여러분의 인생에서 활용되어 풍요로운 인간관계로 이어지기를 진심으로 바란다.

성공하는 말투 실패하는 말투

초판 1쇄 인쇄 2020년 3월 15일
초판 1쇄 발행 2020년 3월 20일

지은이 │ 마쓰하시 요시노리
옮긴이 │ 이정미
펴낸이 │ 윤희육
편집 │ 신현대
디자인 │ 김윤남
마케팅 │ 석철호

펴낸곳 │ 창심소
등록번호 │ 제2017-000039호
주소 │ 경기도 파주시 문발로 405(신촌동) 307호
전화 │ 070-8818-5910
팩스 │ 0505-999-5910
메일 │ changsimso@naver.com

ISBN 979-11-968564-2-7 03320

이 도서의 국립중앙도서관 출판예정도서목록(CIP)은 서지정보유통지원시스템 홈페이지
(http://seoji.nl.go.kr)와 국가자료공동목록시스템(http://www.nl.go.kr/kolisnet)에서
이용하실 수 있습니다. (CIP제어번호: CIP2020010285)